Jetzt noch ein Gedicht, und dann aus das Licht!

Gedichte zur guten Nacht

Herausgegeben von

Kenn Nesbitt

Mit Illustrationen von

Christoph Niemann

und einem Vorwort von

Michael Krüger

Carl Hanser Verlag

Für Kinsey
KN

Für meine Großmutter Maria
mit ihrem unendlichen Schatz
an Gutenachtgeschichten
CN

Inhalt

Vorwort

Es bleibt eines der großen (ungelösten und offenbar unlösbaren) Rätsel moderner Zivilisationen, dass Kinder, *bevor* sie in die Schule kommen, mit dem größten Vergnügen komische Gedichte lieben, mit der Sprache Schabernack treiben und am laufenden Meter Unsinnsreime produzieren, während sie *nach* dem Schulabschluss von alldem nichts mehr wissen wollen. Die Welt war immer, vor und nach der Schule, etwas zu groß und ziemlich unverständlich, um ihr nicht eine Nase drehen zu wollen, aber was in der frühen Kindheit leicht und selbstverständlich gelang, wird plötzlich zur anstrengenden Arbeit: Wer erinnert sich nicht mit Grausen, wenn die Goldene Hochzeit der Großeltern mit gereimten Versen gefeiert wurde und der stocktaube Großvater dann krächzte: Was hat er gesagt?

Kurzum, nach der Schule beginnt die reimlose und oft auch humorlose Zeit, die Zeit des Erwachsenwerdens, der Ausbildung und der Nützlichkeit, der richtigen Ernährung und der Selbstoptimierung – und wer will und kann schon einen lustigen Reim auf solche Begriffe machen? In dieser bis zum Platzen angefüllten Zeit hat auch keiner Zeit für Nonsens, und man ist schon froh, wenn einer seinen Sinn für Humor nicht zwischen lauter Aktendeckeln verloren hat. Es formt sich stetig und unausweichlich das Gesicht, das man morgens tausendfach in der U-Bahn sieht und am Abend in den Nachrichten. Man kann sich nicht vorstellen, dass aus solchen Mündern plötzlich die Meldung kommt: Die Kuh, die lag im Schwalbennest … Und das Schlimmste an dieser Angelegenheit: Wahrscheinlich sieht man auch nicht anders aus als alle anderen. Auf jeden Fall kann man sich nicht vorstellen, dass einer von den vielen in seine Bewerbung unter der Frage: Welche Hobbys haben Sie? geschrieben hat: Liebhaber von Unsinnspoesie und Schüttelreimen und Rilke.

Aber dann kommen die eigenen Kinder, die wiederum nichts anderes im Sinn haben als lustige und schöne Verse, die ihre halsbrecherische Verwandlung begleiten, den Kampf um Anerkennung, das Scheitern und den Triumph, die Trauer und die Zuneigung. Und da man inzwischen alles verdrängt und vergessen hat, den ABC-Reim und die dritte Strophe von »Es ist ein Ros entsprungen«, läuft man schnurstracks in die Buchhandlung und kauft das Buch, das Sie nun in Händen halten. Es ist ursprünglich in Amerika erschienen und nun von 115 Schriftstellern übersetzt, übertragen oder ins Deutsche gebracht worden, um

Ihnen in Erinnerung zu rufen, was Sie vergessen haben.

Wir machen uns – vielleicht aus guten Gründen – nur selten klar, dass wir nur einmal leben. Wir wären also sehr dumm, wenn wir in diesem Leben nicht alles Mögliche unterbringen, auch die komischen und die traurigen Verse, die auf sehr viel kürzere Weise als alle Lehrer und alle Erziehungsberechtigten ausdrücken, um was es geht.

Um was geht es denn? Die Antwort steht in diesem Buch.

Michael Krüger

Puh!

Essen gegessen
und Nachtisch genossen,
Müll weggebracht,
Tür abgeschlossen.
Ein Bad genommen
und Zähne geputzt,
man sieht es gleich,
es hat was genutzt.
Am Telefon mit Oma
und Opa gesprochen.
Danach ins weiche Nachthemd
gekrochen.
Das Kissen ist flauschig,
der Teddy ist nett,
jetzt noch gebetet
und dann gleich ins Bett.
Alles erledigt,
alles getan,
jetzt kommt endlich
das Lesen dran.

Kenn Nesbitt
Übersetzung: Michael Krüger

Geschöpfe auf Papier

Von jedem Buch bleibt dir zum Glück
etwas in deinem Kopf zurück.

Lieblingshelden groß und klein
ziehn in dein Oberstübchen ein.

Du reist mit ihnen um die Welt,
machst ihnen nach, was dir gefällt.

Geschöpfe, klar, nur auf Papier …
Dass sie leben, liegt an DIR!

Lisa Wheeler
Übersetzung: Friedbert Stohner

Ich mag alte Geschichten

Ich hab sie gern, die alten Geschichten,
diese Märchen, die von ganz früher berichten,
wo Mädels und Jungs sich in Wäldern verliefen
und bei Großmutter nach dem bösen Wolf riefen.

Ich mag die verstaubten alten Schinken,
um in ihren Tuschezeichnungen zu versinken,
von verwunschenen Schlössern, klirrenden Ketten,
Piratenschätzen und Zauberamuletten,
Cowboys, Indianern und Harlekinen,
Dinosauriern, Unterseebooten und Zeitmaschinen.

Jede zerknitterte Seite wurde einst inniglich
von einem geliebt, der so alt war wie ich –
einem Buben vielleicht, der nun wohlbeleibt
heute selber solche Geschichten schreibt.
Das find ich gut, diesen Büchern bleib ich treu:
Denn auch die alten Märchen waren einmal neu!

Kim Norman
Übersetzung: Raoul Schrott

Wär ich ein Ballon, ganz blau

Wär ich ein Ballon, ganz blau,
nähm ich dich hoch! Komm, flieg mit mir
zum Mond durch Silber-Sternen-Tau –
Die Nachtzeit teil ich gern mit dir.

Nähm ich dich hoch! Komm, flieg mit mir,
der Himmel im Drachenfeuer blitzt.
Die Nachtzeit teil ich gern mit dir.
Du wärst ein Ritter, der alles besitzt,
der Himmel im Drachenfeuer blitzt.
Ich würd dich lotsen durch Traum und Nacht –
du wärst ein Ritter, der alles besitzt! –
ich schwebte bei dir, bis der Tag erwacht.

Ich würd dich lotsen durch Traum und Nacht,
zum Mond durch Silber-Sternen-Tau,
ich schwebte bei dir, bis der Tag erwacht –
wär ich ein Ballon, ganz blau.

Renée LaTulippe
Übersetzung: Markus Orths

Brüll

Löwen brüllen
Riesenrachen, gelbe Augen,
Messerkrallen, Eisenmuskeln
Alles saust davon

Außer denen, die bleiben und spielen
Auf seinem Rücken, an seinem Hals
Und mit dem langen kräftigen Schweif.

Papa ist doch immer noch Papa.

Donna Jo Napoli
Übersetzung: Quint Buchholz

Stofftiersammlung

Ein Löwe. Ein Nashorn.
Ein Pinguin. Ein Affe.
Ein Kamel mit Glöckchen dran.
Eine coole Giraffe.
Ein Zebra und ein Fuchs.
Ein graues Känguru.
Mama sagt: »Dein Schlafzimmer.«
Ich sage Zoo dazu.

Eileen Spinelli
Übersetzung: Hendrik Jackson

Fünf kleine Vögel

Fünf kleine Vögel in Frankfurt am Main.
Fünf kleine Vögel flattern und schrein.
Fünf kleine Vögel schlafen jetzt ein.
Fünf kleine Vögel in Frankfurt am Main.

Charles Waters
Übersetzung: **Ludwig Steinherr**

Die Taube

Die Taube ist so fröhlich
mit andern im Vergleich.
Sie nickt und trippelt unbeschwert,
als tanzte sie den Jive.
Die andern bauen ihr Nest im Baum;
die Taube mag Beton.
Die andern picken Beeren,
die Taube am Perron.
Popcorn, Brezeln, Brösel –
sie liebt, was übrig ist.
Kein Wunder, dass sie glücklich wirkt
auf jeden, den sie grüßt.

Jacqueline Jules
Übersetzung: Sophie Zeitz

Am Meer

Das Meer kommt,
das Meer geht.

Es kitzelt an meinen Zehen.
Es vergräbt meine Füße
im weichen nassen Sand

wie es kommt
und wie es geht.

Das Meer kommt,
das Meer geht.

Es verscheucht Vögel am Ufer.
Es beschenkt mich mit
geschuppten Muscheln

wie es kommt
und wie es geht.

Betsy Franco
Übersetzung: Michael Köhlmeier
und Bastian Kresser

Meer Spaß

Am Strand
Brauchst du was
Cooles, wenn die Sonne
Dich sticht –
Ein frierender Schritt, und du
Fliegst durch die
Gischt.

Haut der Eisschock dich
Immer noch um
Junge, dann
Kabolz ein paar
Loops und laufe, lauf
Mach
Neue Wellen
Oder köpf rein wie 'n
Pfeil und tauch wieder auf!

Quicklebendig
Rennst du in die
See
Tropfst von den Schultern
Und bis runter zum Zeh
Verwandelst das
Wasser in 'ne
X-plosion bei jeder Landung
Yeah! abgekühlt, begeistert
Zerknallt von der Brandung.

Avis Harley
Übersetzung: Sylvia Geist

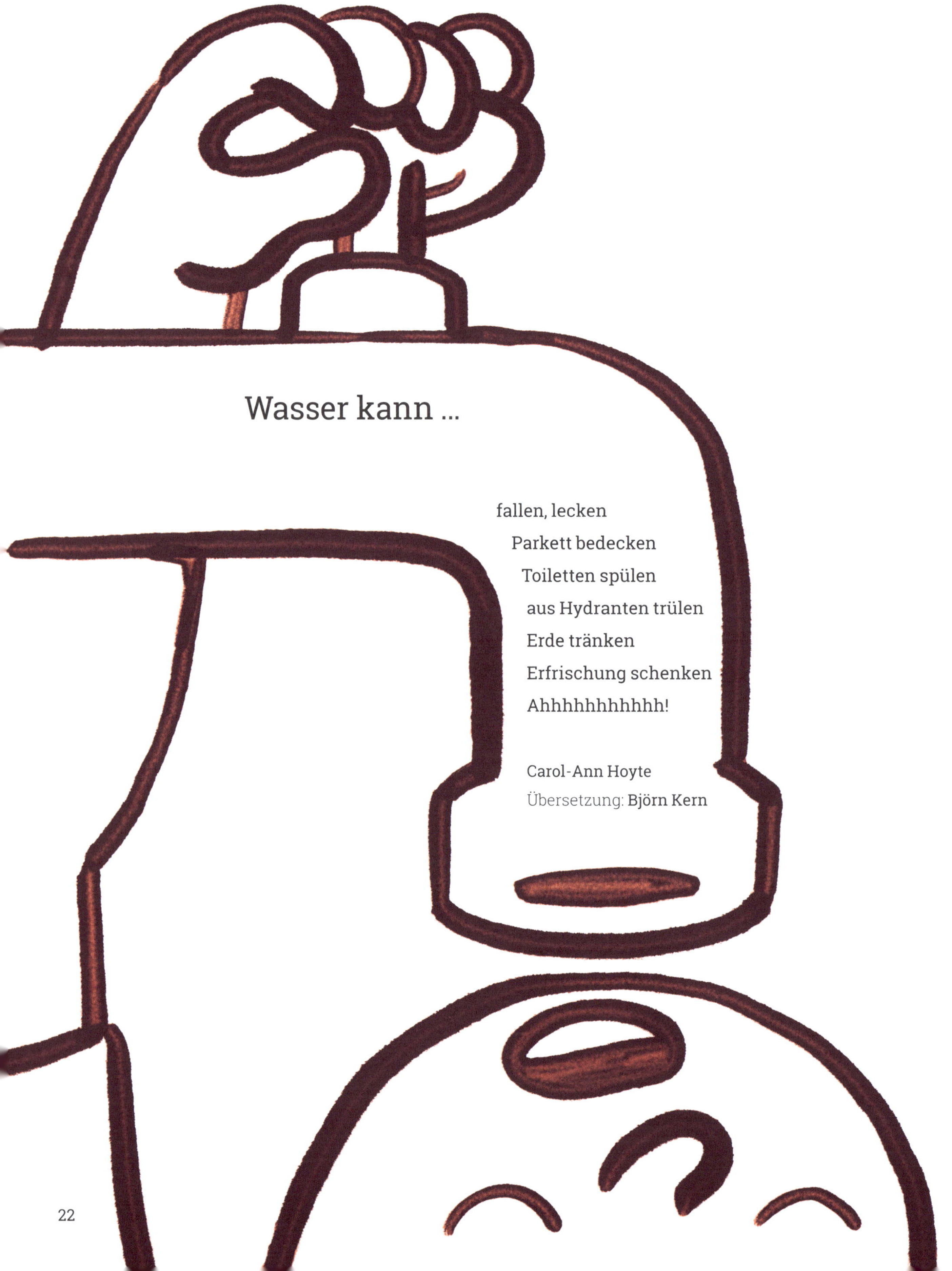

Wasser kann …

fallen, lecken
Parkett bedecken
Toiletten spülen
aus Hydranten trülen
Erde tränken
Erfrischung schenken
Ahhhhhhhhhhh!

Carol-Ann Hoyte
Übersetzung: Björn Kern

Sanfte Dusche

Kleine Regentropfen
hinterm Fensterglas.
Sieh die Regentropfen,
welch ein Spaß!
Lass uns rausgehen!

Kleine Regentropfen
landen mit Geklopf
auf deiner Hand,
auf deinem Kopf.
Lass uns reingehen!

Edel Wignell
Übersetzung: Christoph Hein

Hinterhof-Zirkus

Äpfel, Äpfel
jongliert, geworfen
einerlei.
Fällt einer runter,
Apfelbrei!

Nikki Grimes
Übersetzung: Reinhard Michl

Trampolin

Flip. Flop.
Hipp. Hopp.
Hüpfen. Hüpfen.
Kein Stopp.
Schwung. Sprung.
Vorwärtsrolle.
Tupfen. Tupfen.
Außer Kontrolle.
Arme breit.
Rückwärtsrolle.
Sprung. Quietsch.
Glucks. Schrei.

Sara Holbrook
Übersetzung: Jo Lendle

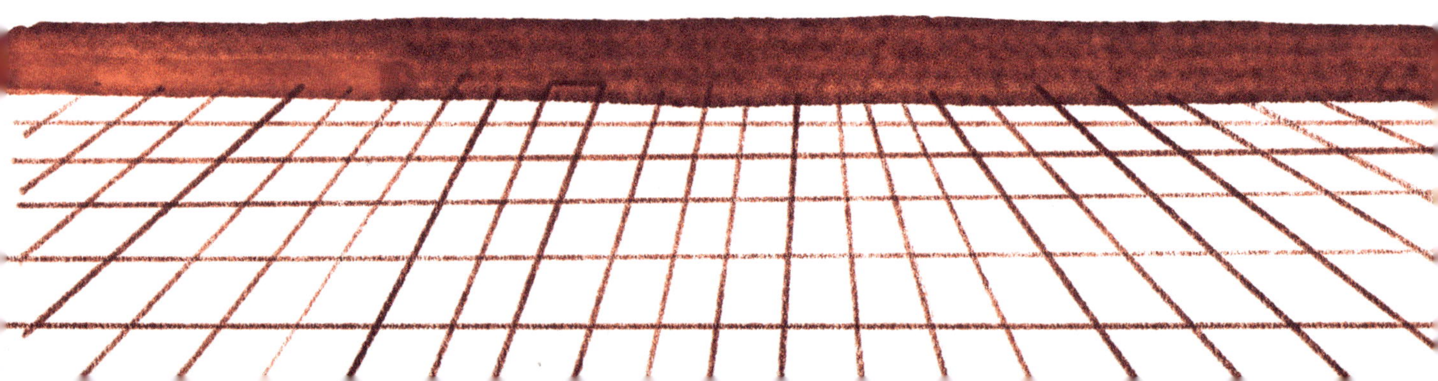

Map of Fun

Was haben meine Füße heute erlebt?
Sind sie auf Wolken gegangen hinein ins Meer?
Hat ein weicher Boden aus Holz
ihre Schritte begrüßt?
Sie sind durchs Gras geglitten,
sind auf Stein geschritten.
Ich hab sie treppauf gehetzt.
In den Zeh biss mir mein Kätzchen.
Sie sind durch den Flur geschlittert,
haben beim Baden geplanscht.
Alles haben meine tollen Füße gespürt.
Jetzt sind sie unter der Decke, eingerollt.
Morgen werde ich laufen, tanzen,
springen und hopsen. Wirbeln und hüpfen.
Immer finden die Füße im Stadtplan Spaß
und sie folgen ihm.
Aber jetzt ruhen sie aus,
ruhen endlich aus.

Naomi Shihab Nye
Übersetzung: Durs Grünbein

Schläfrig

Oh Gott, bin ich schläfrig.
Ich halt es nicht aus!
Ich glaube, ich lös mich
In Müdigkeit auf.

Die Lider, sie fallen.
Ich fühl mich zu schwach
Und heb sie nie wieder.
Werd nie wieder wach.

Was soll ich nur machen?
Ich schlafe gleich ein.
Ich zähl aus Versehen
Schon Schafe. Oh nein!

Mein Hirn ist im Kopf
Nur noch halb komplett.
Doch, Mama, ach bitte!
Ich will nicht ins Bett!

Santino Panzica
Übersetzung: Susan Kreller

Winke, winke, gute Nacht

Reib' dir die Augen, Schlafmützchen,
verpasst doch nur die Dunkelheit.
Steck' unter die Deck' die Fingerlein,
mitten in die Faust hinein.

Zeige, Mittel, Ring – gut' Nacht.
Schlaft fest, auch ihr Kleinen.
Träumt süß, Finger, links und rechts.
Daumen: bald wird Morgen sein.

Michael J. Rosen
Übersetzung: Annika Reich

Die Zickzackmorgenstraße

Von all den Straßen durch die Nacht,
sie kurven links und laufen rechts,
hat keine sich so eng gemacht
wie die Zickzackmorgenstraße.

Nacht für Nacht hat sie gewirbelt
und sich um die Welt gezwirbelt,
Kinder drehten sich, verloren
auf der Zickzackmorgenstraße.

Sie macht dich schwindlig, ja, kann sein,
doch führt dich immer wieder heim.

Kurt Cyrus
Übersetzung: Nico Bleutge

Mein Pferd kann schweben durch die Luft

Mein Pferd kann schweben durch die Luft
Über die höchsten Bäume,
Derweil ich selber ganz entspannt
Auf seinem Rücken träume.

Ich kenne sein Geheimnis nicht,
Doch ist das nicht verkehrt,
Solang nur ich es reiten darf,
Das einzige schwebende Pferd.

Jack Prelutsky
Übersetzung: Uwe-Michael Gutzschhahn

Der große Tanz

Am Straßenrand saß
und schon ganz schön lang
Herr Tausendfuß, ein krabbelnder Mann
Vorbei kam Frau Schildkröt
Vorbei kam der Frosch

Frau Schildkröt die sang
einen Rock 'n' Roll Song
Der Frosch der sprang
und tanzte da lang

Herr Tausendfuß wippte
mit all seinen Zehen
er wiegte die Hüften
»Da könnt ihr mal sehen!«

Dennis Lee
Übersetzung: Anja Kampmann

Alle auf einmal

Es waren einmal alle auf einmal:
Goldlöckchen besuchte die drei kleinen Schweinchen,
Der Troll fand den Brei der drei Bären zu heiß, zu kalt und einfach grässlich,
Und der böse Wolf pustete und prustete die drei Ziegenböcke von der Brücke.

Hänsel kletterte die Bohnenranke hoch,
Hans aß die Erbse,
Die Prinzessin traf alle sieben Zwerge.

Der Frosch küsste den Schuster,
Die Wichtelmänner machten goldenes Rührei,
Und die Schöne haute mit Rumpelstilzchen ab.

Da schlug's vom Kirchturm Mitternacht.

Die gute alte Fee schwang ihren Zauberstab,
Worauf das hässliche Entlein
Zu Steinsuppe wurde.

Und alle lebten
Verkehrt
Bis ans Ende
Ihrer Tage.

Jon Scieszka
Übersetzung: Friedbert Stohner

Gedichte können ernst sein

Gedichte können ernst sein,
manchmal sind sie toll,
einige klar und einfach,
andre geheimnisvoll.
Manche machen sich gerne
einen Reim auf die Welt,
andre erzählen Geschichten,
weil's ihnen besser gefällt.
Gedichte erzeugen Bilder,
die lassen dich nicht mehr los,
und alle sind überraschend –
wie machen sie das bloß?

Kenn Nesbitt
Übersetzung: Michael Krüger

Abendessen

Meinem Papa wird's zu dumm:
»Spiel nicht mit dem Essen rum!«
Blöd für ihn, dass ich nichts höre.
Ich hab in jedem Ohr ne Möhre.

Scott Seegert
Übersetzung: Monika Osberghaus

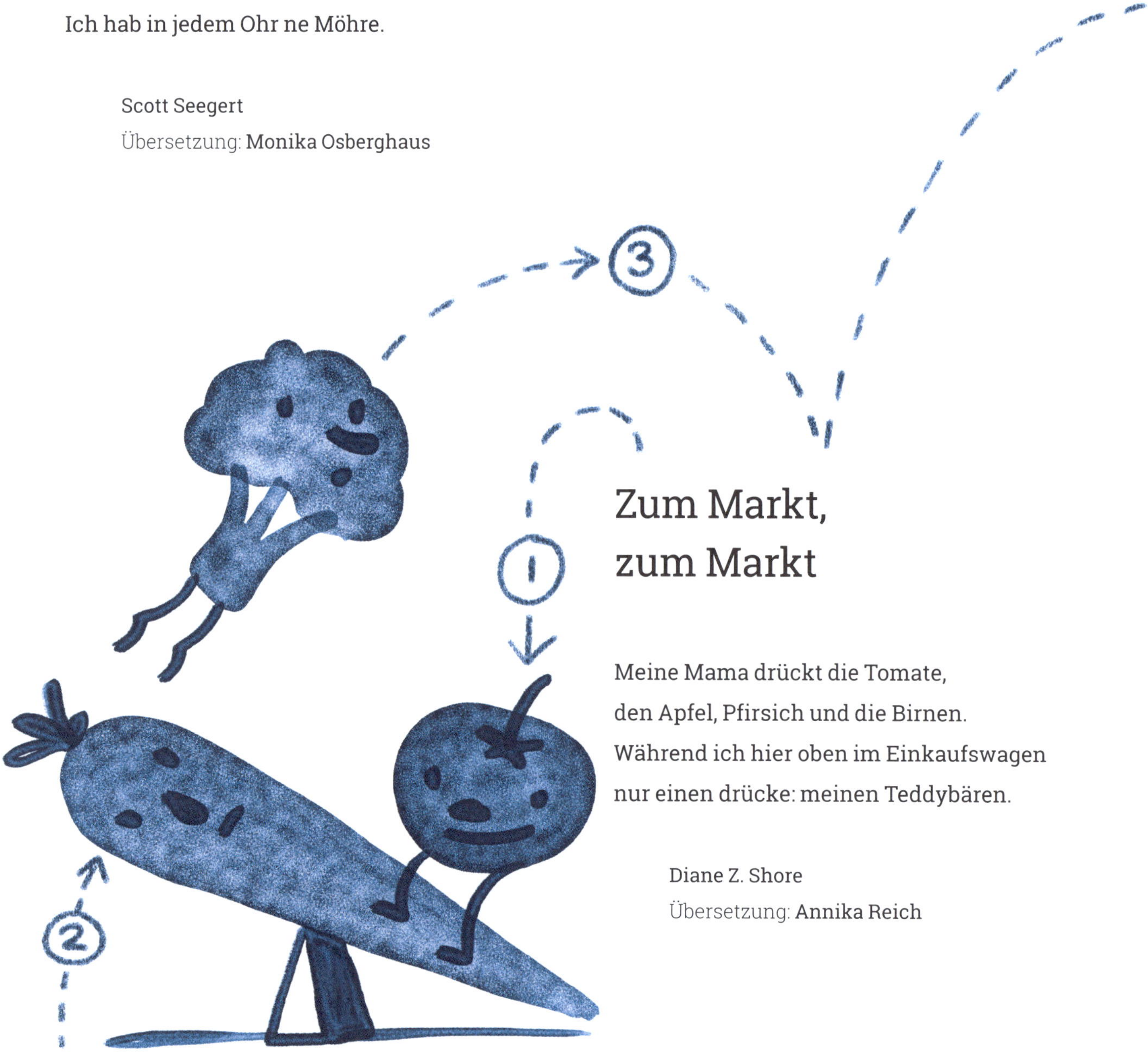

Zum Markt, zum Markt

Meine Mama drückt die Tomate,
den Apfel, Pfirsich und die Birnen.
Während ich hier oben im Einkaufswagen
nur einen drücke: meinen Teddybären.

Diane Z. Shore
Übersetzung: Annika Reich

Freunde auf dem Teller

der erste war tommy
dann griff ich mir jim
als dritte die romy
darauf die nadine
hier noch den toni
schnapperdischnapp
drunter liegt vroni
die catch ich up
peter und susi
yusuf und jacques
gab ich mir gierig
im viererpack
dann bruno und kevin
so dachte ich: fein!
ich eß meralda
und gleich darauf hein
ich bin halt seltsam
denn jetzt ohne witz
als letzten der pommes
genoß ich den fritz!

Alan Katz
Übersetzung: Willy Astor

Mein Onkel Joe

Wenn Onkel Joe am Samstag kam,
dann kam er stets in Leder,
er parkte die Harley vor dem Haus
bei eisigem Wind und Wetter.

Er sah aus wie mein Vater und Großvater Lou,
dreimal dasselbe Gesicht,
und er war immer zu Späßen bereit,
nur stillsitzen konnte er nicht.

Und während mein Vater kluge Bücher las,
machte Onkel Joe verrückte Sachen,
und ich musste nur einmal die Augen verdrehn,
dann ließ er die Harley krachen.

Und bevor ich ihm auf die Nerven ging
mit meinem Ach! und Weh!,
lachte der Onkel sein lautes Lachen
und fuhr mit mir ums Karree.

Michele Krueger
Übersetzung: Michael Krüger

Ein Tag im Zoo
ist immer anders

Heute habe ich im Zoo eine Giraffe gefüttert!
Mit grünen Blättern direkt aus meiner Hand.
Ich streckte mich
hoch
hoch
hoch
bis ich auf eine blaue Zunge traf,
sanfte Augen,
lustige Hörner
und einen langen, langen, langen Hals.

Heute habe ich im Zoo eine Giraffe gefüttert, aber morgen
füttere ich vielleicht ein Känguru.

Margarita Engle
Übersetzung: Saskia Heintz

Das Lamm sagt: »Miau«

Die Kuh sagt: »Muh.«
Der Hund sagt: »Wau, wau.«
Der Frosch sagt: »Quak.«
Das Lamm sagt: »Miau.«

»Lamm«, sagt die Katze,
»hör damit auf.
Als Lamm sagst du ›mäh‹,
als Katze ›miau‹.«

»Summ«, sagt die Biene.
»Pieps«, sagt die Maus.
»Blubb«, sagt der Fisch.
Das Lamm sagt: »Miau.«

»Lamm«, sagt die Katze,
»jetzt hör mir mal zu.«
»Nein«, sagt das Lamm,
»ich mäh nicht. Magst du?«

Die Schlange zischt leise.
Der Löwe brüllt laut.
Das Ferkel sagt: »Quiek.«
Das Lamm sagt: »Miau.«

»Lamm«, sagt die Katze,
»jetzt hör aber auf!
Sag endlich ›mäh‹!«
Das Lamm sagt: »Miau!«

David L. Harrison
Übersetzung: Tristan Marquardt

Unsere Kätzchen

Nach und nach
fanden unsere Kätzchen ein Zuhause,
bis nur noch ein Kätzchen übrig war.

Nach und nach
bekamen sie alle neue Namen,
neue Familien, neue Decken und neues Spielzeug.

Nach und nach
fanden unsere Kätzchen ein Zuhause,
bis nur noch eins in der Kiste war.

Nach und nach
fuhren sie schnurrend in Autos davon,
in den Schoß neuer Mädchen und Jungen geschmiegt.

Nach und nach
verabschiedeten wir alle mit einem Kuss.
Wir winkten, als ihre Autos davonfuhren,
weit weit fort.

Wir waren glücklich und traurig zugleich.
Und wir behielten das letzte Kätzchen bei uns.

Amy Ludwig VanDerwater
Übersetzung: Uwe-Michael Gutzschhahn

Rennen

Ich renn mit meinem Hund
und hüpf und plumps mit meinem Hund.
Wir laufen wett, gewinnen beide,
drum machen wir's gleich noch einmal.
Er im Zickzack, ich muss stolpern,
wir verheddern uns und poltern.
Wir rollen durch das Gras,
stehen auf und sausen.
Brausen und fliegen hinauf,
glitzerblitzen auch zum Himmel rauf.
Wir sind die Gänseblümchen und Bienen,
sind die Blaumeisen und Blätter über ihnen.
Wir wolln uns eine Sonne nennen,
wenn mein Hund und ich gemeinsam rennen.

Kate Coombs
Übersetzung: Daniel Bayerstorfer

Tagwerk

Äpfel gepflückt und Frösche erbost,
Gebüffelt, herrje, Hündchen liebkost,
Goldfisch gefüttert, Buch sehr gemocht,
Draußen gespielt, drin lecker gekocht.
Ein Nest entdeckt und Bild gemalt violett,
So langsam, nehm ich an, wird es Zeit für mein Bett.

Timothy Tocher
Übersetzung: Navid Kermani

Die Pusteblume

Ich fing eine Pusteblume, seidenweich,
ganz vorsichtig in meiner Hand
blies einen Kuss
und wünschte mir was
für ihren Gang an Land

Im Wind sah ich sie steigen
und pusteblumenmäßig schweigen
Über den Bäumen und dem klaren Blau
nahm sie meinen Wunsch
und sagte ciao ciao

Mark Carthew
Übersetzung: Simone Buchholz

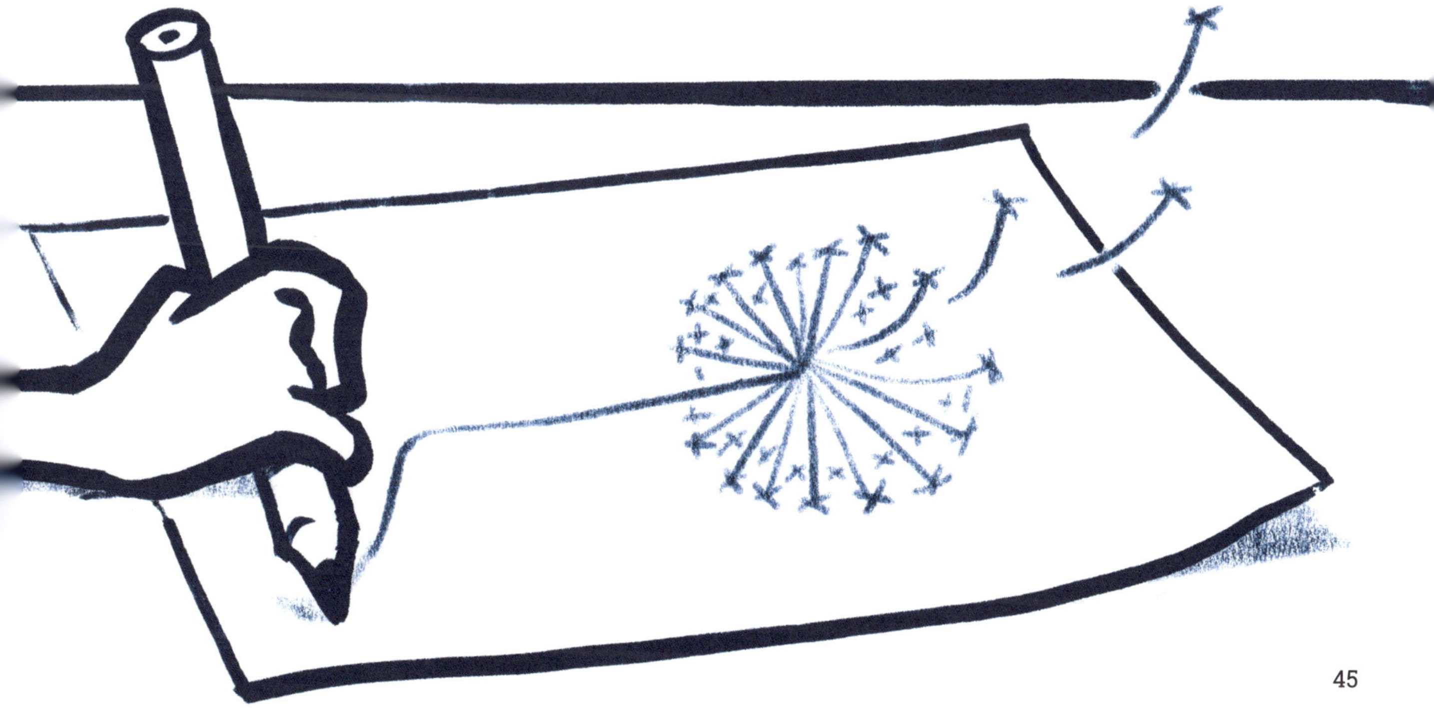

Wind

Blätter-Zupfer
Flaggen-Flattrer
Hüte-Rupfer
Äste-Wrestler

Meer-Aufwühler
Wellen-Hetzer
Gischt-Verwirbler
Segel-Fetzer

Türen-Knaller
Fenster-Berster
Häuser-Rüttler
Friedens-Schüttler

John Foster
Übersetzung: Annika Reich

Schwere Schauer

Heut Abend fallen schwere Schauer
Regen wäscht die Mauer grauer
Schrubbt die Farben ab vom Haus
Und das Fell ab von der Maus
Felder werden Sauereien
Sterne sauber, klar und rein
Flüsse fliehen ins Versteck
Heut Abend geh ich nicht mehr weg

Greg Pincus
Übersetzung: Margarete Stokowski

Sternenhell

Schau, die sternenhelle Nacht
die Himmelsfläche sternenblank
durch die sternenklare Stille
dampft der Sternenzug entlang.
Sternübersät sind die Gardinen,
sternenvoll auch Tür und Wand.
Sternlicht fällt auf meinen Flur
verstreut von einer Sternenhand.

Schau, die sternenklare Nacht
und ihr Sternenglanz
Der Schimmer in dem Fenster
kommt vom Sternentanz.
Rot und blau – die Sternenfarben
strömen übers Fensterbrett.
Sternenklar fällt Sternenlicht
auf mein Sternenhimmelbett.

John Rice
Übersetzung: Hellmuth Opitz

Mein wunderwarmer Pyjama

Meine Zeh–Zeh–Zehen
wackeln
in flüsternden, tapsigen Füßen.

Meine Kni–Kni–Knie
verstecken sich
in lang gezogenen Beinen.

Mein Po–Po–Po
tanzt
in einem wackelnden Hinterteil.

Meine Arm–Arm–Arme
flattern
in flauschig weichen Ärmeln.

Mein Bau–Bau–Bauch
dehnt
den langen, glatten Zipper aus.

Mein Ki–Ki–Kinn
stupst
den harten, kühlen Verschluss.

Wunderwarmer Pyjama,
kuschel mich
in schlummernden,
träumenden
Schlaf.

Lorie Ann Grover
Übersetzung: Niklas L. Niskate

Schlafenszeit auf Seventh Avenue

Großer alter Hund seufzt und legt sich hin.
Spinne schließt die vielen Augen.

Im verlassenen Hof lehnt sich Unkraut
an Unkraut.

Sogar die Graffities reißen ihre lauten Neonmäuler auf
und gähnen.

Ron Koertge
Übersetzung: John von Düffel

Schlaflos

Ich bin nicht müde, jammert Lily.
In meinem Kopf herrscht Hillibilly.
Mein Lieblingsquatsch kommt im TeVau.
Mein Freund macht SMS-Radau.
Ich muss noch lernen für nen Test.
Ich kann nicht schlafen, bin gestresst.
Zahnseide her! Es soll gut schmecken.
Wo kann die Ente sich verstecken?
Das Laken riecht nicht gut heut Nacht.
Wer hat die Wanze mitgebracht?
Mir's kalt, schalt doch die Heizung ein.
Wollsocken wären auch sehr fein.
Du sagst, der Fernseher ist Schrott?
Mein Handy ist auch schon kapott?
Jetzt bin ich müd, Licht aus, Herrgott!

Bruce Lansky
Übersetzung: Amelie Fried

Ein Freund zur Hilfe

Mond sinkt.
Niemand hat an seinen Geburtstag gedacht.
Und just als er weg-
döst, um vom nächsten Jahr zu träumen,
Überraschung!
Kommt die Sonne um die Ecke,
eine vierkommafünfmilliardenfach
bekerzte Torte.
»Ganz ehrlich«, sagt sie,
»keinen Tag älter als
vierkommazwei Milliarden
siehst du aus.«
Mond strahlt.

Christine Heppermann
Übersetzung: Thomas Pletzinger

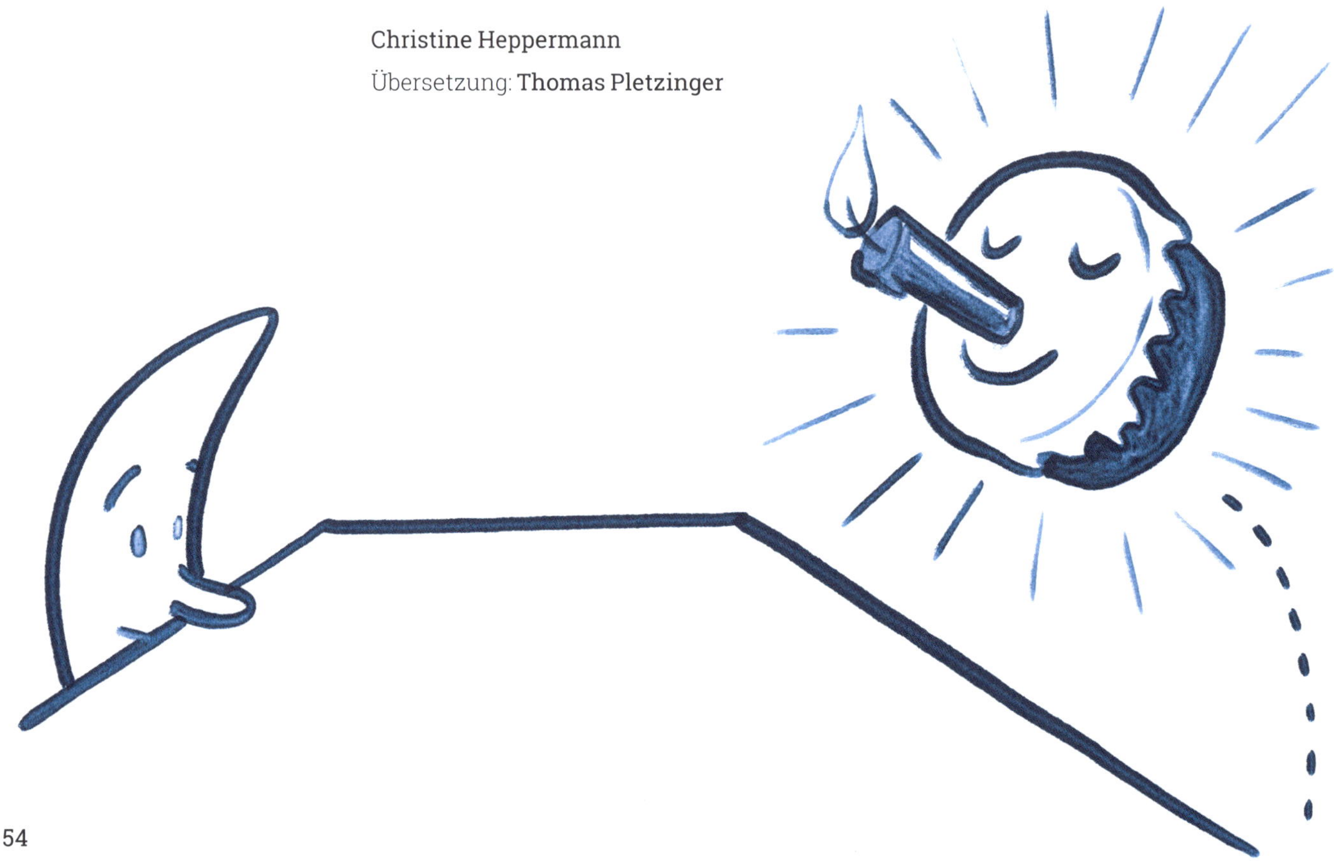

Gesundheit

Ein Mann, im Heu
bis zum Knie,
verschwand mit lautem »Hatschi!«

Die Leute klatschen entzückt,
er niest noch einmal
und kehrt zurück.

David L. Harrison
Übersetzung: Rotraut Susanne Berner

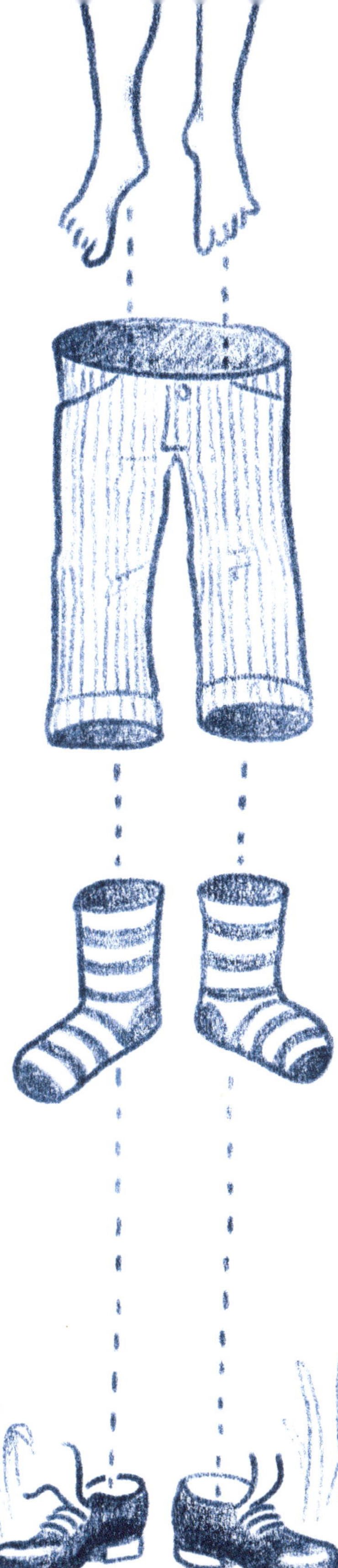

tolle sache, ja

da ist gestern abend was passiert
als ich grade bisschen rützte und
der wind verwehte meine mütze und
sie flog in die steife kütze und
landete auf irgendeinem ütze und
ich den am arm drückste und
sagte »he, das ist meine mütze!« und
er plumpste in die grütze und
es gab ziemliches gesprütze und
sein hund begann zu püffen und
nach meinem hax zu schnüppen und
ich fasste meine schlabbermütz und
es gab einen riesendonnerpütz und
auf einmal war ich wach!

Colin West
Übersetzung: Armin Kratzert

Hab ich dir das schon gesagt?

Ach, Teddy, weißt du eigentlich,
wie wunderbar süß du bist,
wie gern ich dich knuddle,
wenn du meine Nase küsst?
Ich liebe dein Brummen,
so gemütlich und weich,
lass mich dich herzen,
sofort und sogleich.

Lies mir doch eine Seite vor,
dann tu ich dasselbe für dich,
danach singen wir Lieder,
ach, klingt das fürchterlich.
Dann sinken wir in die Kissen
und löschen das Licht
und fahren gemeinsam ins Traumland,
das mag ich allein nämlich nicht.

Kenn Nesbitt
Übersetzung: Michael Krüger

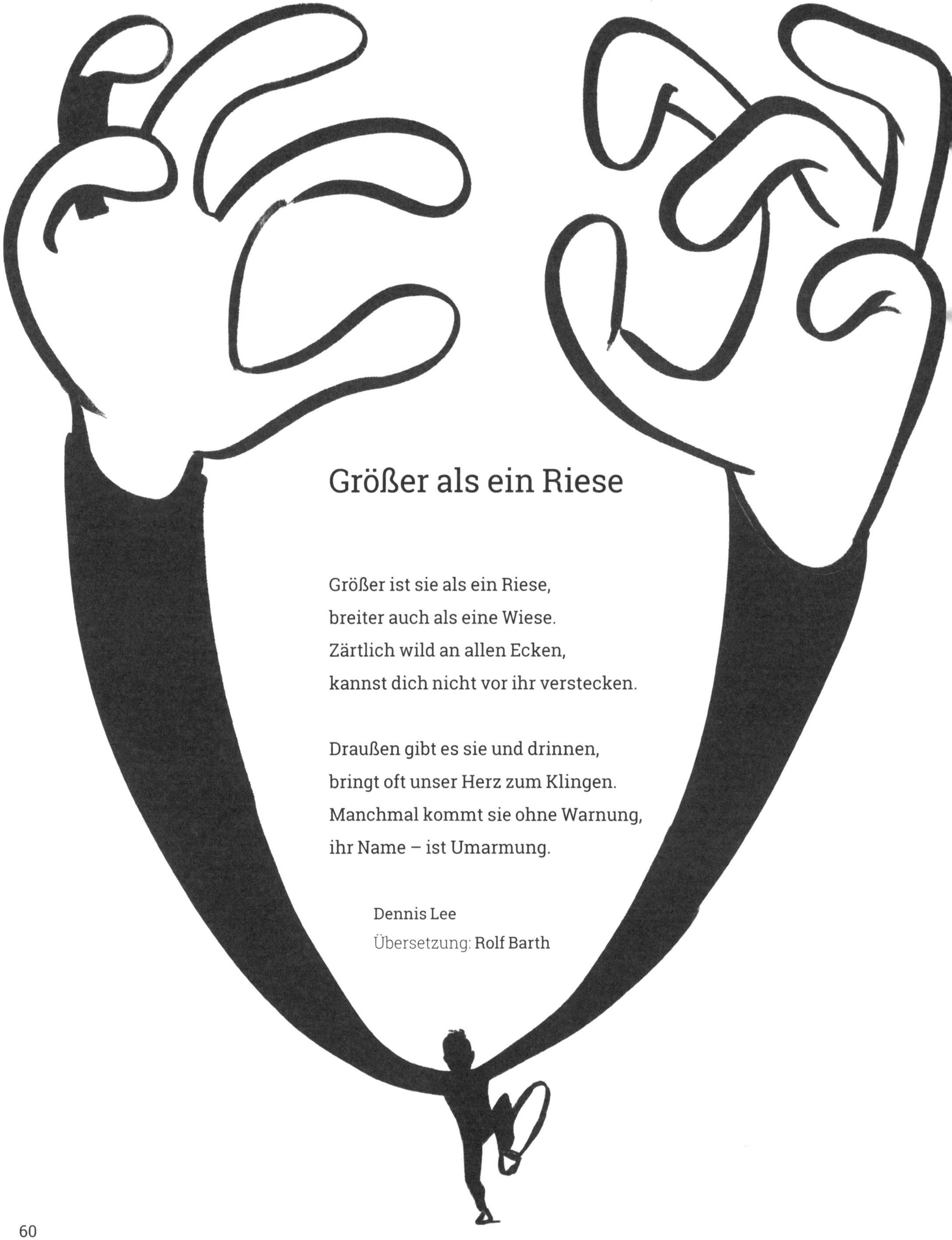

Größer als ein Riese

Größer ist sie als ein Riese,
breiter auch als eine Wiese.
Zärtlich wild an allen Ecken,
kannst dich nicht vor ihr verstecken.

Draußen gibt es sie und drinnen,
bringt oft unser Herz zum Klingen.
Manchmal kommt sie ohne Warnung,
ihr Name – ist Umarmung.

Dennis Lee
Übersetzung: **Rolf Barth**

Unsre Oma küsst einen Kürbis

Unsre Oma küsst einen Kürbis
am Freitagabend schon.
Sie küsst auch einen Bleistift
und einen riesigen Ballon.
Sie küsst ein Streifenhörnchen,
das speist Kekse mit der Queen.
Sie küsst uns in diesen Masken –
daheim, zu Halloween.

Darren Sardelli
Übersetzung: Daniel Kehlmann

Ein Hut von mir

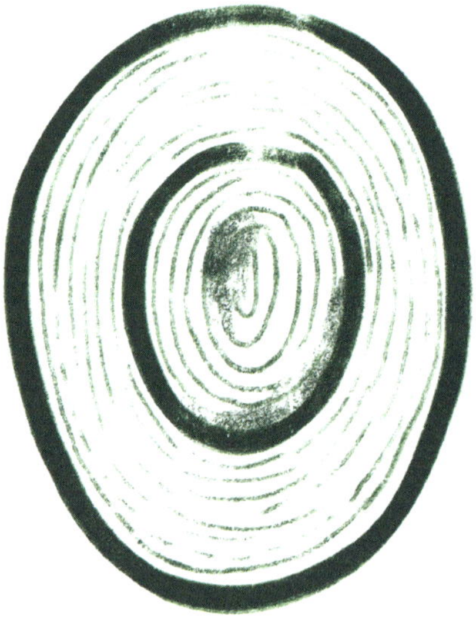

Ein Hut von mir sieht festlich aus
Und einer recht gewagt.
Den einen trag ich nur beim Sport
Und einen jeden Tag.

Ein Hut von mir hat Federschmuck,
der kitzelt im Genick.
Der rot-grün-blaue Hut von mir?
Das ist mein liebstes Stück.

Verla Kay
Übersetzung: Jo Lendle

Skateboard Girl

Mein Vater sieht mein Skateboard, mannomann
Er befiehlt: Helm auf und langsam fahrn
Aber dann spring ich den Ollie
und mein Vater ruft: Mein lieber Scholli
Schau einer, was mein Skateboard Girl kann.

B. J. Lee
Übersetzung: Sandra Hoffmann

Quappenschwappen

Sommer heißt
Quappen schwappen sehen
ein Stück weit vom Haus
meiner Cousine die Straße rauf
runter bei der Wand aus Beton
wo sich Regenwasser sammelt
nach dem Wüstensturm.

Nur wir, wir fünf
hocken hinter Halmen
hohen scharfen Grüns
schaufeln Hand um Hand
kalten nassen Schlamm
zäh und quicklebendig
jäher Glitsch, Quappen
Kopf an Kopf, die Schwänze dünn
wie sie wuseln, kitzeln, Sommer
windet sich auf unserer Haut
rinnt uns durch
die Finger und
ist – fort.

Bald werden unsre Beine
wachsen, bald springen auch
wir – fort
in die Welt.

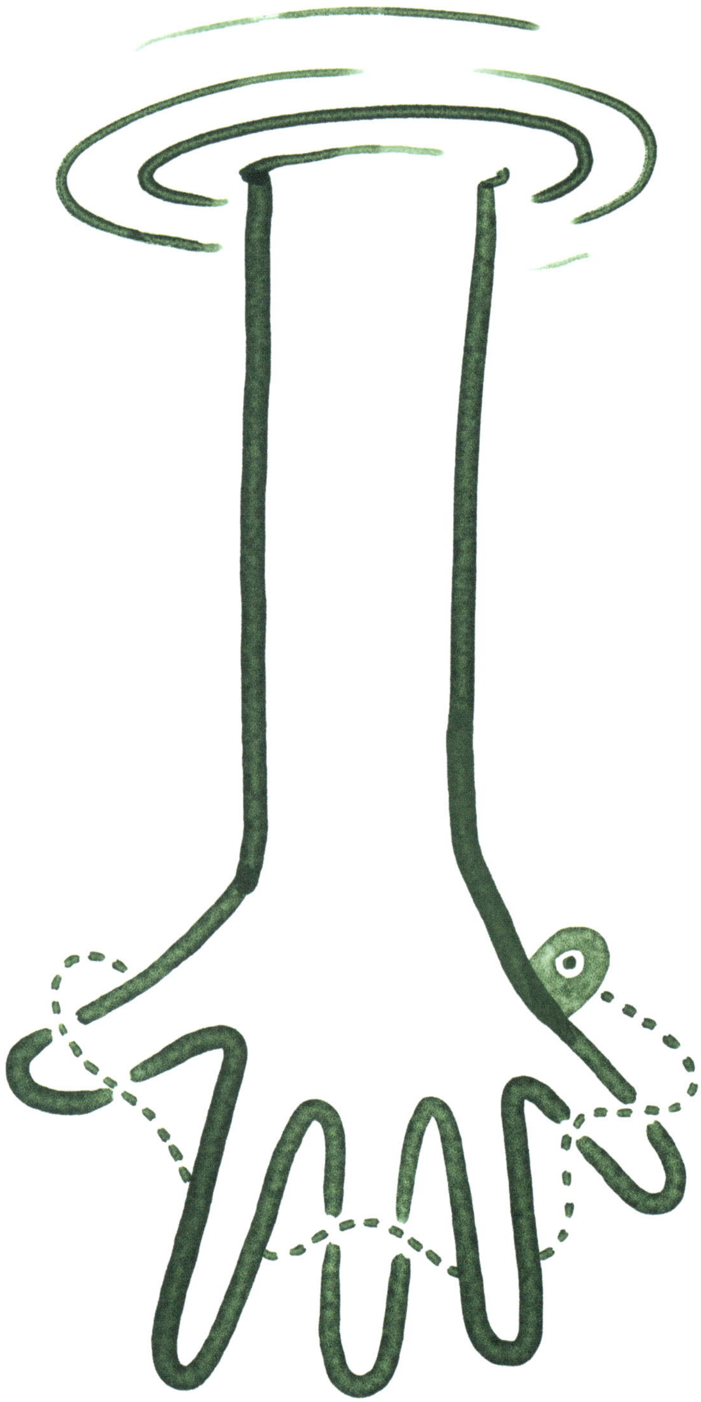

Libby Martinez
Übersetzung: Ulrike Draesner

Hündchens Morgenlied

Wau, wau, wau,
Bin hier, bin hier
So froh, so froh
Am Morgen

Dachte schon
Die weite Welt
Würde nie mehr
wach

Glenys Eskdale
Übersetzung: Jutta Richter

Schulbus

Tür seufzt. Klappt auf. Stufen rauf. Sitz frei? Schultaschen im Weg. Tür erzittert. Zischt zu. Motor grummelt los. Bus ächzt weiter. Nächster Stopp.

Brrrrrrr… …rummm!

Kathryn Apel

Übersetzung: Ulrich Störiko-Blume

Kindergarten, erster Tag

Neue Hose
Neuer Haarschnitt
Neue Schuhe
Neuer Rucksack
Neues Gebäude

Schnell klopft das Herz
Bis später, küssen die Eltern

Weinen
        Ein wenig

Weitergehen
In den neuen Raum
Sitzen
Singen
Spielen
        Bauecke
        Maltisch
        Labor
        Obstpause
Spaß

Kindergarten, erster Tag
Erledigt!

Sydra Mallery
Übersetzung: Katharina von Savigny

Brummer

Rasch
Rasch
Rasch

Husch
Husch
Husch

Flatter
Flatter

(Saug-Saug-Schlürf-Schlürf)

Flatter
Flatter

Husch
Husch
Husch

Weg ist er …

Jen Bryant
Übersetzung: Saskia Heintz

Möwenparty

In Weiß und in Grau, leicht overdressed,
Feiern die Möwen heute ein Fest.
Sämtliche Stammgäste sind schon da,
Sie kommen von fern, und sie kommen von nah.
Der propere Leichtfuß und Knopfaugen-Stummel,
Krummschnabel-Faulpelz und krächzender Grummel,
Rotfuß und Weißkopf und Schwarzfederschwingen
Kommen mal sehn, was die Menschen so bringen.

Denn Möwen, die feiern – doch kochen sie nicht.
Kein Hauptgang, kein Nachtisch, kein einziges Gericht.
Sie wissen, das kommt schon, wo Menschen auch sind,
der Speiseplan wechselt, das macht nichts. Geschwind
gibt es reichlich zu futtern, zu schlemmen, zu schmausen,
Kuchen und Pommes, die herrlichsten Jausen.
Man muss nur stets flink sein, alert und hellwach,
und niemals dem andren was gönnen, denn, ach!,
der Schnellste gewinnt, aber auch der Gemeinste,
ein Möwenfest ist leider niemals das feinste.

Sophie Masson
Übersetzung: Isabel Bogdan

Ein Orchester im Ohr

Zing! Zong! Karommmm!

Mein Hund Jack, der hasst Gewitter!
Er zittert und brummt,
er kriecht unters Bett,
macht sich platt wie ein Brett,
bis der Donner verstummt.

Ich nicht!
Schnell unter die Decke,
wo es weich ist und warm,
ein Kissen im Arm,
meine kuschlige Ecke.

Ich zähle die Blitze,
ein Donner – schon wieder!
Ein ganzes Orchester
spielt mir etwas vor –
direkt in mein Ohr.

Und jetzt kommt der Regen
Plitsch plitsch quitsch
Pling Plöng Plong

Und irgendwann,
da
schlaf
ich
ein

Meredith Costain
Übersetzung: Annette Pehnt

Gott segne mich

Gott segne meinen Papa, Gott segne meine Mamma
und den Metzger mit seinem Leberkas, der is der Hamma

Gott segne die Fische im Becken und im Meer
Gott segne jeden und mich ebenfalls sehr

Gott segne den Feuerwehrmann dort oben auf der Leiter
der kommt und hilft, wenn man denkt, es geht nicht mehr weiter

die graue kleine Miezekatze oben aufm Baum
Gott segne jeden und auch mich, das wär n Traum

Gott segne die Bibliothekarin und ihr »Schtt« mit nem Tusch
und den Hasen und sein Zuhause im Busch

Den Wettermann in unserm Fernseher drin
Gott segne jeden, womit auch ich gemeint bin

Gott segne den Verkehrspolizisten da draußen im Regen
und all diese Leute da oben im Flieger, die sich grad auf ne Reise begeben

Den Doktor, der den Reflex checkt am Knie
Gott segne jeden und vergiss mich nie

Gott segne unsern Nachbarn, der Chinesisch sprechen kann
Gott segne den Mann, der Grillkäse erfand

Gott segne alle Blindenhunde
Gott segne jeden und auch für mich frohe Kunde

Im Naturkundemuseum Frau Mistkäfer mit ihrem Schiet
und jedes Insekt, so klein, dass man es kaum sieht

Den Schatten an strahlenden, sonnigen Tagen
Gott segne jeden und darf ich auch nach mir fragen?

Gott segne Omas, Opas, Cousins und Cousinen
Onkels und Tanten und meine Freunde, die es alle verdienen

Alle und überall bis in alle Ewigkeit
Gott segne jeden – bleibt da für mich noch Zeit?

Brian P. Cleary
Übersetzung: Peter Brugger

Lied vom Fluss

Unten am Fluss, wo die Boote anlegen
und die Fischer ihre Netze leeren
lauf, Wasser, lauf
tänzeln die Boote auf der Uferbrandung
schlagen die Möwen wie Papierflieger Haken
brause, Wind, brause
ballen und türmen sich Wolken am dunklen Himmel
gleitet die Sonne hinter ein trübes Tuch und versteckt sich
rums, Donner, rums
prasselt der Regen herab und scheppert auf dem Wasser
paddeln die Enten zum rettenden Ufer
rassle, Regen, rassle
dann zieht sich die Wolkendecke zurück wie ein Laken
lugt die Sonne hervor und lacht
glimme, Sonne, glimme
glättet und kräuselt sich das Wasser in der Brise
wippen die Boote vor Freude, wenn die Fischer kommen,
sie tragen ihr Angelzeug die Pier entlang,
werfen die Seile ab und setzen die Segel,
auf auf zum Fischen!
gleite, Fluss, gleite

Sherryl Clark
Übersetzung: Christoph Wenzel

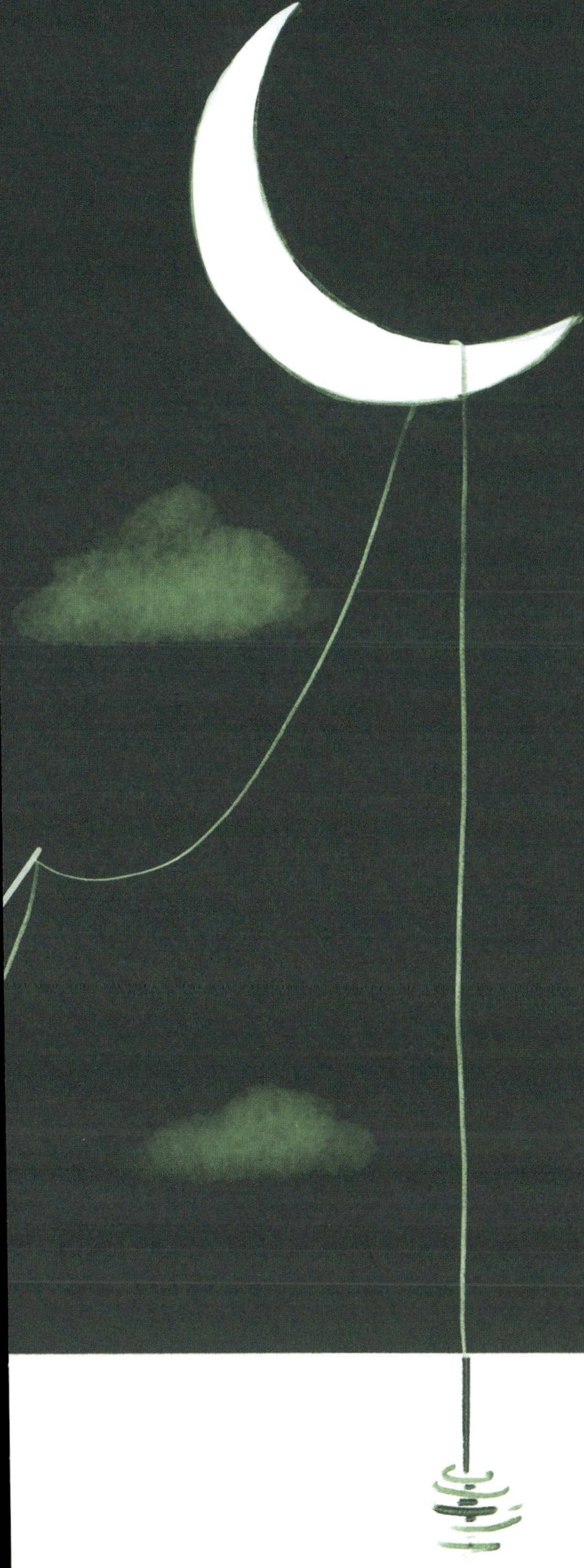

Das ist die Stunde

Das ist die Stunde,
wenn die Dunkelheit die Sterne umarmt,
und Blütenblätter zueinander sich neigen,
um die Kelche der Blumen zu schließen,

das ist die Stunde,
wenn die Singvögel lassen sich nieder,
um eine ruhige Nacht zu teilen,
Gefieder an Gefieder,

das ist die Stunde,
wenn alle Farbe ins Graue versiegt,
und allein dunkles Glitzern
auf den Wellen sich wiegt,

das ist die Stunde,
wenn ich ins Traumland fliege,
droben der Mondzauber,
höre ich das Wispern der Liebe.

Liz Brownlee
Übersetzung: Katharina Adler

Müde

Meine Augen
sind müde,
Mondstrahlen füllen
meinen Kopf.

Küss mich
noch ein Mal.

Steck mich
wieder
in
mein
weiches
Flauschekissen

Zeit zum Träumen
Schlafenszeit
Gute Nacht.

Lee Bennett Hopkins
Übersetzung: Björn Kuhligk

Wie man so tickt

Linn schläft erst ein,
wenn jedes Bein
in einem Fußballstrumpf steckt.

Tante Malou
kommt nur zur Ruh,
wenn sie ein zweiter Wecker weckt.

Bei Vollmondlicht
pennt Papa nicht,
dann zählt er fluchend Schaf um Schaf.

Auf weichem Samt
mit Spitzenrand
hält Mama ihren Schönheitsschlaf.

Ohne Daumen im Mund
und den Kuschelhund
mit Schlappohr und Schlenkerbein,
den er superfest
an sich presst,
macht er Rabatz, mein Brüderlein.

Für das Schlummerglück
gibt es viele Tricks.
Ich hab was Komisches ausgeheckt:
Abends im Bett
bin ich komplett
mit meinen Büchern zugedeckt.

Lee Wardlaw
Übersetzung: Henning Ahrens

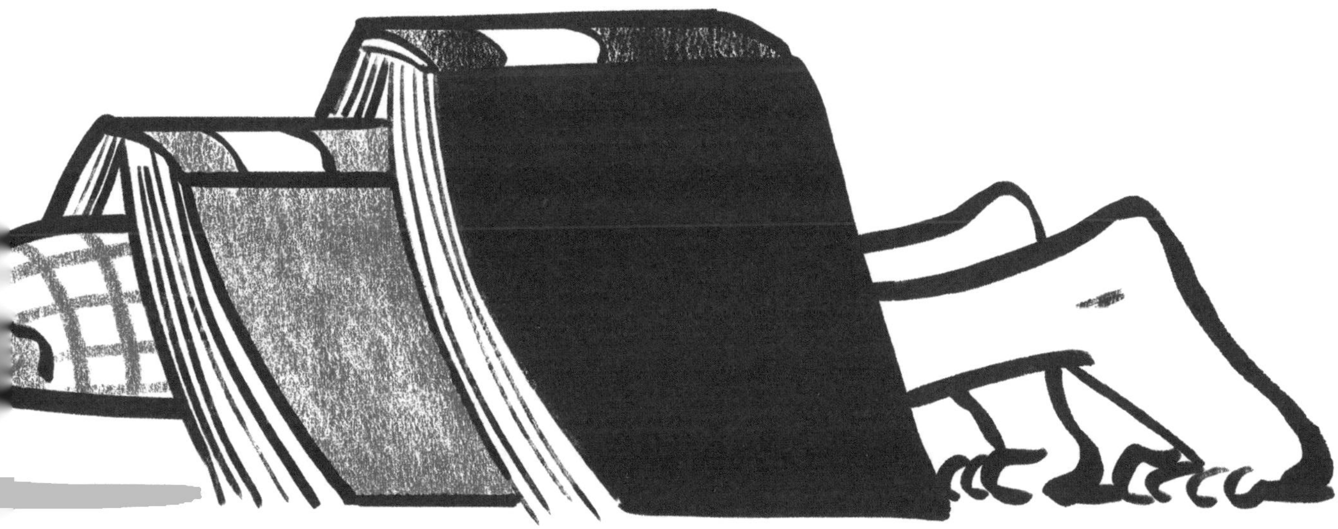

Die siebzehn Fitz-Schwestern

Das Haus der Fitz-Schwestern, siebzehn an der Zahl,
kennt jeder Klempner, denn es war ein Skandal
ein Haarball der Schwestern steckte fest im Kanal
vom Hause der Fitzens, es war ganz fatal.

Einmal wuschen sechzehn Schwestern ihr Haar,
und als die Siebzehnte duschte, wurde sie gewahr,
dass nichts mehr abfloss, es war sonnenklar:
der Abfluss war zu und guter Rat rar.

Sie stieg aus der Dusche und blieb ganz entspannt,
sogleich war die Nummer des Klempners zur Hand.
Am Telefon fragte der Klempner gewandt,
wo sich das Problem mit dem Abfluss befand.

Der erste Klempner stand gleich vor der Tür,
nach nur zehn Minuten, um Viertel vor vier.
Mit haufenweis Werkzeug und Klempnergeschirr,
doch nichts davon half gegen das Haargewirr.

Den siebzehn Fitz-Schwestern war schon ganz bang,
Zwanzig Klempner mühten sich tagelang,
die Haare im Abfluss waren ein so fester Strang,
dass es sie zum Sprengen mit Dynamit zwang.

Denkt nur, das Chaos, die ganze Tortur,
denkt nur, die Seife, das Shampoo im Flur,
denkt nur, die Dauer der Reparatur
und denkt nur, die Schwestern ... mit Kurzhaarfrisur.

Andrea Perry
Übersetzung: Marlene Fleißig

Drei Bären auf einem Eisberg

Drei Bären auf einem Eisberg
trieben aufs offene Meer.
Der Berg fing an zu schmelzen,
und sie sorgten sich schon sehr.
Da kam ein kleines Boot gesegelt
und hievte den einen an Bord,
so war einer von ihnen gerettet,
die anderen zwei trieben fort.

Zwei Bären auf einem Eisberg
war es bange beim Wellenritt.
Sagte einer: »Ich hoffe, die Fähre
nimmt einen von uns mit.«

Da kreuzte wieder das Boot auf,
die Bären tauschten einen Blick:
jetzt war ein zweiter gerettet
und ließ nur noch einen zurück.

Ein Bär auf einem Eisberg –
inzwischen so dünn wie ein Blatt –
hält Ausschau nach dem Segelboot,
das er schon zweimal gesichtet hat.
Er hofft und hofft, der Segler
ist nicht mehr zu weit entfernt,
denn anders als die zwei andern
hat er nie schwimmen gelernt.

Samuel Kent
Übersetzung: Sylvia Geist

Ein Elefant als Haustier

FÜR

Hilft bei
Bällewerferei
löscht das Feuer
wechselt Reifen
kann nach Drachenfliegern greifen
Abfluss säubern, Katzen retten
und montiert die Lichterketten

WIDER

Große Sprünge? Nicht so recht.
Als Schaukelpartner ungeeignet
als Schlittschuhläufer furchtbar schlecht
schwer zu baden ohnedies
sucht ganz gut
versteckt sich mies

Weitere Überlegungen

Sabbert, bellt und haart nicht: nett.
Stiehlt die Decken
Füllt das Bett.

Linda Ashman
Übersetzung: Julya Rabinowich

Was träumst du so?

Teddybär, Teddybär,
was träumst du in der Nacht?

Ich träum von einem Fischlein,
das herumtollt im See,
und von hohen Märchenwäldern,
versteckt unter Schnee,
und von Beeren und Bienen,
so weit ich seh.
Und du, was träumst du so
in der Nacht?

Ich träum von den Gedichten,
die du mitgebracht.

Kenn Nesbitt
Übersetzung: Michael Krüger

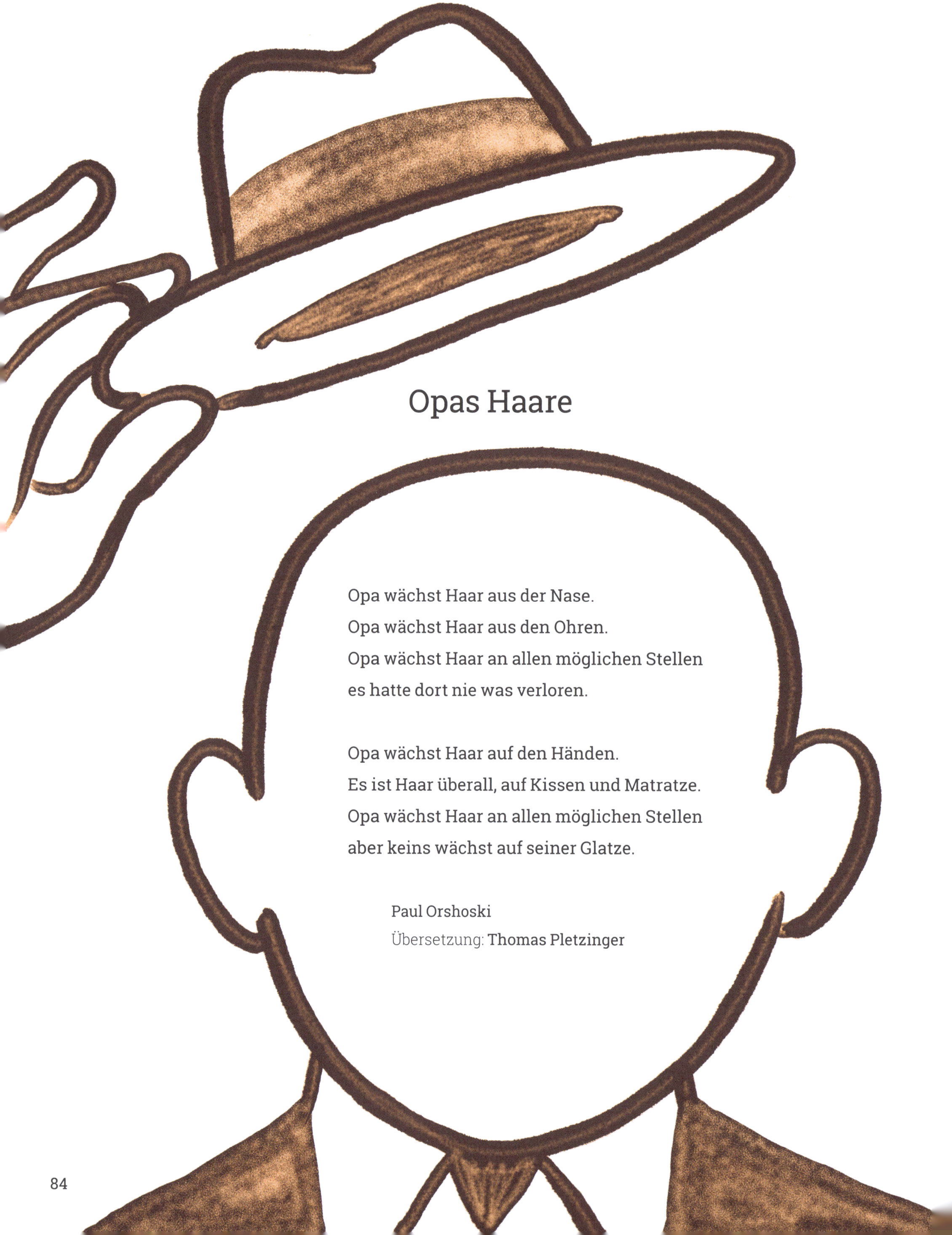

Opas Haare

Opa wächst Haar aus der Nase.
Opa wächst Haar aus den Ohren.
Opa wächst Haar an allen möglichen Stellen
es hatte dort nie was verloren.

Opa wächst Haar auf den Händen.
Es ist Haar überall, auf Kissen und Matratze.
Opa wächst Haar an allen möglichen Stellen
aber keins wächst auf seiner Glatze.

Paul Orshoski
Übersetzung: Thomas Pletzinger

Mein Dad

Mein Dad sagt *»Kleiner Mann, komm mit.*
Wir sind die Jungs« und geht.
Er nimmt mich in den Schuppen mit,
wo all sein Spielzeug steht.
Zeigt mir dort Hämmer, Nägel, Zangen
und was man damit macht,
lässt manchmal mich sogar allein,
sagt kurz bloß *»Gib schön acht …«*

Mein Dad ist froh, dass er mich hat,
das merk ich ganz genau,
wenn er am Kopf sich kratzt und lacht
»Oh Mann« und *»Frau bleibt Frau«*.
Ich helf ihm, wo ich helfen kann
und lauf ihm hinterher.
Wenn ich mit Dad zusammen bin –
was wir auch tun, nichts fällt mir schwer.

Mein Daddy ist der Größte,
vertraut mir und ist nie gemein.
Bin ich einst groß und stark, dann will
genau so wie mein Dad ich sein!

Kathryn Apel
Übersetzung: Ebi Naumann

Übernachten

Ich war eben fleißig, nun ist es vollbracht:
Ich hab alles dabei, was ich brauch für die Nacht.
Teddy muss mit und mein Schnuffeltuch,
mein Fußball, mein Baseball, das Tierebuch,
das rote Signal mit der Eisenbahn,
Bauklötze und schnelle Autos zum Fahr'n.
Mein Rucksack ist voll, und ich sage Bescheid:
Ich schlafe bei Oma und bin jetzt bereit.

Celeste Walters
Übersetzung: Stefanie Ericke-Keidtel
und Matthias Keidtel

Die Wiese runterrollen

Himmel

Wiese

Himmel

Wiese

Oma

Wiese

Wiese

April Halprin Wayland
Übersetzung: Christiane Schwabbaur

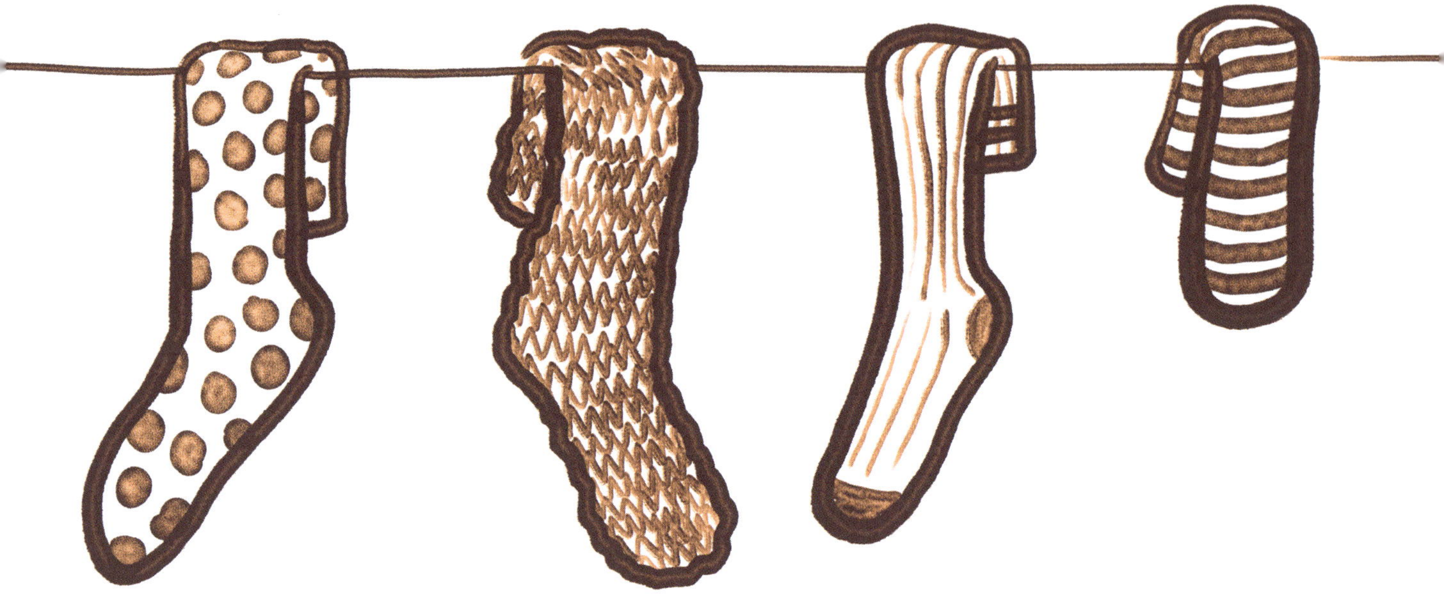

Sockn auf der Wäscheleine

Sockn in der Wäsche,
Sockn auf der Leine,
Sockn mal deine und
Sockn mal meine:

Grüne Sockn, blaue Sockn,
Dumme Sockn, schlaue Sockn,
Gelbe Sockn, rote Sockn,
Schulsockn, Knotesockn

Kratzesockn, Knuddelsockn
Kuschel, rosa Schmuddelsockn
Löchersockn, Knüllsockn
Hau-sie-in-den-Müll-Sockn

Lange Sockn, kurze Sockn
Babysockn, schnurze Sockn
Witzsockn, fesche Sockn
Verloren-in-der-Wäsche-Sockn

Sockn mal deine
Sockn mal meine
Sockn in der Wäsche und
Sockn auf der Leine.

Celia Warren
Übersetzung: Kilian Leypold

Meine Füße und ich

Socken
Latschen
Schuhe –

Lasst mich doch in Ruhe!

Ich häng euch an die Leine
denn meine Füße und Beine
haben am liebsten –

keine.

Donna Marie Merritt
Übersetzung: Franz Hohler

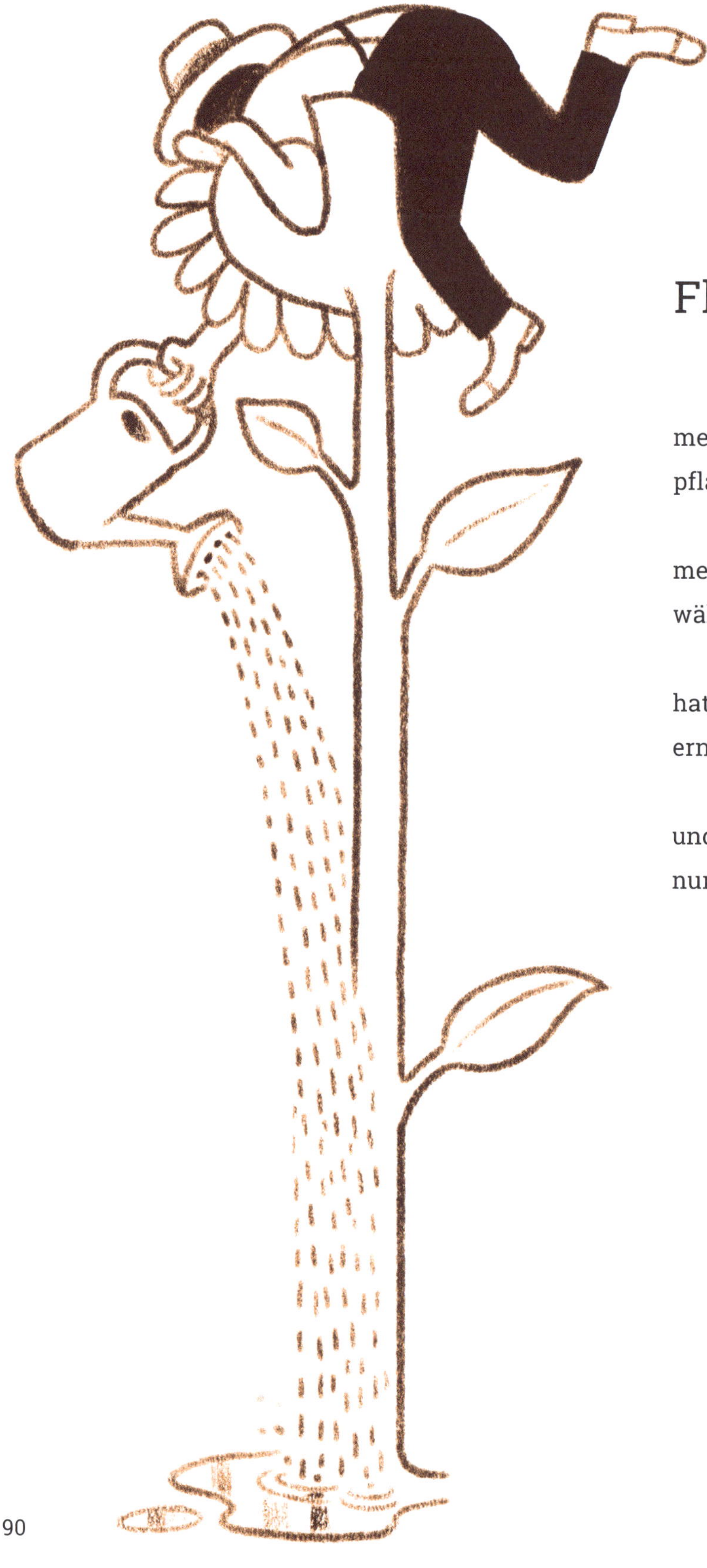

Flowerpower

meine Tante und ich
pflanzen Sonnenlicht

meine Tante gießt die Beete
während ich das Unkraut jäte

hat der Herbst begonnen
ernten wir die kleinen Sonnen

und verschenken unsre Beute
nur an flatterhafte Freunde

Heidi Bee Roemer
Übersetzung: Nancy Hünger

Wilde Blumen

Unser Löwenzahn
beißt nicht, aber seine Farbe
brüllt gelb und laut.

Bob Raczka
Übersetzung: Sophie Zeitz

Ruhe im Stall

Nun wird es Nacht
Zeit für den Schlaf

Es döst der Hahn
Und auch das Schaf

Gänschen kuschelt sich ins Nest
Kälbchen schläft auch schon ganz fest

Das kleine Fohlen schläft im Stand
Die Fliege schlummert an der Wand

Das Füchslein träumt in seinem Bau
Das Schweinchen bei der Muttersau

Es pfeift das Murmeltier im Traum
Der Maulwurf schnarcht
Specht schläft im Baum

Entchen schnattert auch nicht mehr
Spinnchen kriecht nicht hin und her

Zicklein lässt das Meckern sein
Der Vogel stellt sein Zwitschern ein

Leise nun
Es ist so weit
Träum was Schönes
Schlafenszeit

Carole Gerber
Übersetzung: Birgitt und
Johannes Kollmann

Abzählreim

Ein Bock
im Schlaf
ein Dick-
hornschaf
liegt bei
dem Lamm –
zu zweit
ein Hang

Und gleich
rollt sich
mondhell
das Fell
die Au
mit ein
gegen
den Stein

So froh
ne Schar
aus drein
zu sein

Steven Withrow
Übersetzung: Karen Köhler

Affentheater

Er grinst und rülpst und feixt und guckt
und streckt die Zunge raus.
Er kommt heran, bleibt stehn und spuckt
Bananenstückchen aus.

Er schlägt sich auf die kleine Brust
und hüpft, um sich zu wenden,
Hals über Kopf. Und voller Lust
läuft er auf seinen Händen.

Zurück im Stand, Kopf über Hals,
verbeugt er sich mit Kläffen.
Und klettert lieber weiter, als
mich weiter nachzuäffen.

Jenny Erlanger
Übersetzung: Jo Lendle

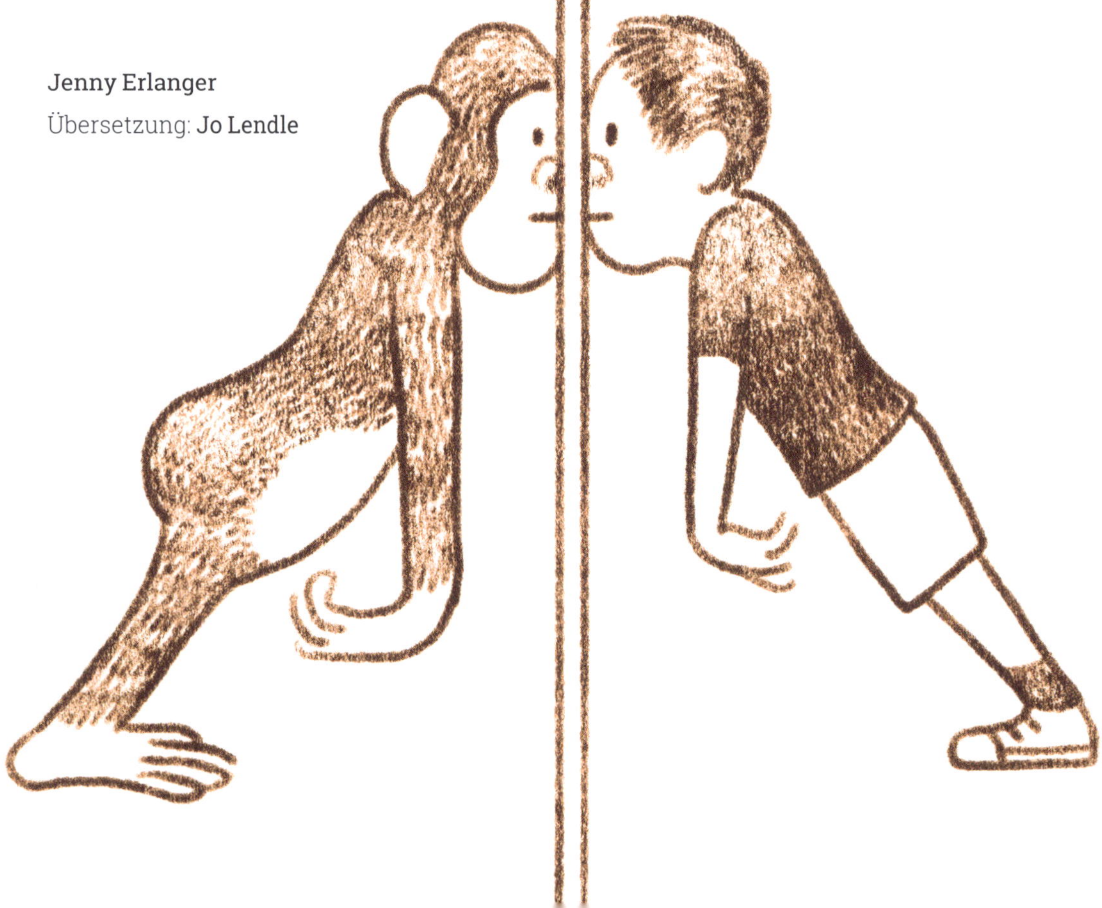

Besuch im Wald

Eichhörnchen klettert auf den Baum
Hat grad ne Nuss gefressen
Sein Vetter Wiesel rennt davon
Als hätt er was vergessen.

Hummeln summen, Bienen saugen
Blüten aus wie Sülze
Schlanke Schlangen schlängeln sich
Durch Moos und Fliegenpilze.

Ameisen krabbeln über Kiesel
Schleppen Gras und Blätter
Hasen huschen, Amseln jubeln
Fast bei jedem Wetter.

Mir kreist der Hut von alledem.
Zwar ist der Wald mir lieb
Doch still ist er nun wirklich nicht:
Hier herrscht ja Hochbetrieb!

Matt Forrest Esenwine
Übersetzung: Franz Hohler

Hippo

Hippo gähnt und blubbert so
müde wie ein ganzer Zoo,
deckt sich mit den Wellen zu,
wälzt sich wild im Bett herum.
Sinkt so langsam wie ein Schaf
in den klitschenassen Schlaf.

Ann Whitford Paul
Übersetzung: Norbert Hummelt

Badestunde für Elefantenbabys

Riesenschädel
Dünne Wedel
Elefantenmütter
Auf den Wegen.
Ohren flattern
Kühle Lüfte
Führen Babys
Zu dem Tümpel.

Rüssel Trinkhalm
Nuckeln, Blubbern
Wasser spritzen
Rauf und Runter.
Elefantenbabys
Ist die Badestunde
In der Sonne
Eine Wonne.

Brenda Williams
Übersetzung: Monika Rinck

Buff

Buff ist ein erfundenes Wort.
Ich sage es täglich, hier und dort.
Es ist hilfreich beim Spiel und Sport,
wenn mir nichts einfällt und so fort.

Buff passt sehr gut zu Gemurmel,
Zu Geflüster und in die Gurgel,
Zu Gegröle und zum Geschwurbel
Buff lässt sich in alles kurbeln.

Buff ist so ein verbufftes Buff,
Es ist gut zum Buffen für etwas Buff,
Und wenn du buffig nach etwas buffst,
so macht der Buff ganz schön viel Buff!

Buff ist so ein tolles Wort,
Für manche klingt es nur absurd.
Auch wenn bloß eine Kopfgeburt,
ist Buff mein allerliebstes Wort.

Sonya Sones
Übersetzung: Fatma Aydemir

Badefreude

Ein Schrubbeldibubbel
Wirrwarrgerubbel.
Ein flutschiges, triefendes Schwapp.
Ein Kuddel, ein Muddel.
Ein Wellengehuddel
Ein Wirgel, ein Wargel, ein Bad.

Ein spritzendes Pritscheln,
Ein Plitsch und ein Platsch.
Ein triefendes, windendes Nass.
Eine Wanne voll Träume.
Eine Wanne voll Schäume.
Ein Wiggeln, ein Giggeln
Plumps-Platsch!

Eric Ode
Übersetzung: Antonie Schneider

Der Anzug

Poppa hat ’nen Strampelanzug,
Den er gern zur Arbeit trägt.
Ich weiß, schon schräg
aber es ist sein einziger Knall.
Erst war es seinen Freunden egal,
dann sprangen auch sie auf den Zug auf.
Jetzt trägt hier jeder einen.
Die Touristen lieben es.

Calef Brown
Übersetzung: Mareen Bruns

E. B. Patty

Sie hieß stets E. B. Patty,
denn ihre Leidenschaft
war Erdnussbutter. Nur die
gab ihr genügend Kraft.

Cremig, knusprig, sanft, organisch –
sie liebte alles Futter.
Sogar das Poster an der Wand
zeigte ein Bild mit Erdnussbutter.

Zum Frühstück E. B.-Pfannenkuchen,
als Mittagsmahlzeit E. B.-Shake,
zum Abendessen ein mit Erdnussbutter
rundum bestrichnes T-Bone-Steak.

»E. B. Patty«, sagte Papa,
»es tut mir furchtbar leid.
Doch deine Erdnussbutter-Liebe
geht mir nun viel zu weit.«

Ein Doktor heilte diese Krankheit,
vorbei war die Malaise.
Doch aß sie schon vier Wochen später
nur Makkaroni mit viel Käse.

Tiffany Strelitz Haber
Übersetzung: Ulrich Störiko-Blume

Gutenacht Gedicht

Der lange Tag
Ist ausgelaugt, am Ende

Deine wehen Füße
Wollen unter Decken

Darum spring und streck
Ins Bett dich

Steck dir süße Träume
In den Kopf

Steck Polster, Decken, Tuchent
Fest zum Schlaf nun

Denn nur das Beste
Nimmst du in die Nacht mit

Gute Nacht

Ralph Fletcher
Übersetzung: Franzobel

Wackel, wackel

Wackel Zehen.
Wackel Lippen.
Wackel Finger
und die Rippen.

Wackel Kopf.
Wackel Bauch.
Wackel Po,
das geht auch.

Wackel Arme.
Wackel Beine.
Wackel Schultern,
ganz alleine.

Wackel heftig.
Wackel schwach.
Wackel still,
dann sag gut' Nacht.

Robert Pottle
Übersetzung: Saskia Heintz

Teddy, Teddy, komm ins Bett

Teddy, Teddy,
komm ins Bett.
Nimm das Buch
und sei nett.
Laken sauber,
Kissen weich,
weicher als
das Himmelreich.
Komm schon, Teddy,
sei kein Frosch!
Jetzt gibt's Gedichte
noch und noch.

Kenn Nesbitt
Übersetzung: Michael Krüger

Umarmung einfach so

Wenn Bären dich umarmen, dann tun sie es mit Tatzen.
Umtatzen kratzt und ist gemein. Ich hingegen
will nicht nett sein, wenn ich dich umarme. Ach, und oh:
Nehm ich dich in den Arm, tu ich es einfach so.

Wer sagt, man müsse sich umarmen?
Kenn keine Regel, wie man's tut. Und kein
Gesetz warum. Ich tu es ohne Ach und Oh:
Nehm ich dich in den Arm, tu ich es einfach so.

Umarm dich nicht zum Lohn, nur weil
du brav bist oder frech. Kannst du erraten,
warum ich dich umarme? Ach, und oh:
Nehm ich dich in den Arm, tu ich es einfach so.

Geht mir das Leben viel zu schnell
und brauch ich eine Pause, leg ich
die Arme um dich rum. Warum? Ach, oh:
Nehm ich dich in den Arm, tu ich es einfach so.

Und weil ich nun mal Arme hab,
zum Glück sind's keine Tatzen!
Umarm ich dich, weil es nicht kratzt.
Ich nehm dich in den Arm. Ich tu es einfach so.

Robert Schechter
Übersetzung: Odile Kennel

Lied der klitzekleinen Katze

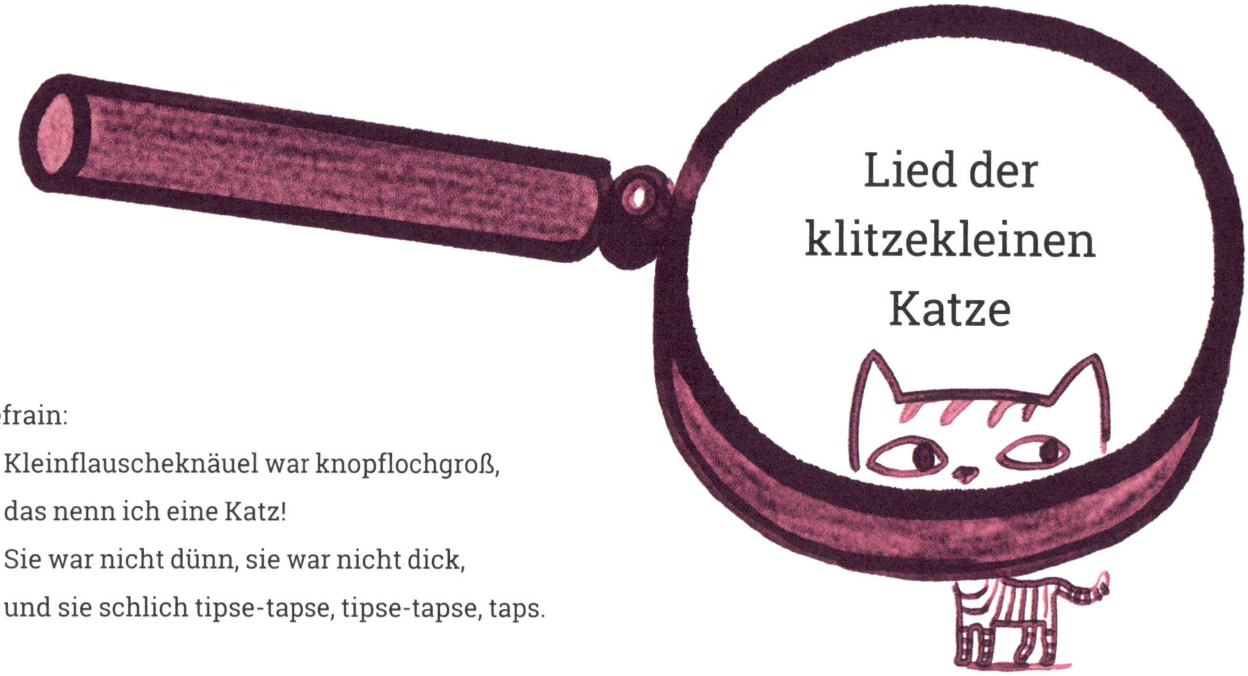

Refrain:

Kleinflauscheknäuel war knopflochgroß,
das nenn ich eine Katz!
Sie war nicht dünn, sie war nicht dick,
und sie schlich tipse-tapse, tipse-tapse, taps.

1. So groß war ihr Zimmer,
so groß war ihr Bett.
Doch klein war ihr Kissen
fürs Schnäuzchen, kokett.

2. Und auf ihrem Köpflein
saß kariert ihr der Hut,
so groß wie ein Keks,
ei, was schmeckte der gut.

3. Geschnürt trug die Schuh sie
an ihrer Pfot'
und auf grünen Söckchen
sah man Obst ganz in Rot.

4. Und an ihren Beinchen
trug eng sie die Hos.
Tja, laufen konnt sie kaum damit,
doch's Tanzen ging famos.

5. Und überm kleinen Kinn
wuchs ihr Bart, zart wie Flaum.
So groß bin ich, denkt Flauscheknäuel,
und hört nicht auf zu staun.

6. Und an ihrem Schwanz
hing ein Ring, mauseklein.
Den hebt sie stolz auf bis zum Tag,
der Bräutigam kommt heim.

Wiederhole den Refrain nach jeder Strophe.

1. Bett: Lege Deine Hände neben Dein Gesicht, so als würdest Du schlafen.
2. Hut: Klopfe mit flacher Hand auf Deinen Kopf.
3. Pfote: Strecke einen Fuß aus und wippe ihn hin und her.
4. Tanzen: Hüpfe herum und tanze.
5. Kinn: Putze Dein Gesicht wie mit einer Pfote.
6. Schwanz: Bewege Deine Hüfte hin und her.

J. Patrick Lewis
Übersetzung: Carolin Callies

Himmels-geschichte

Wer hat den Schlüssel
zum Mond,
zum Mond …
wer hat den Schlüssel
zum Mond?
Nicht ich,
spricht die Eule,
spricht die Eule;
ich habe keinen Schlüssel nicht.
Nicht ich,
spricht der Mäuserich
und knabbert an seinem Käse.
Nicht ich,
spricht die Biene,
Auch ich nicht, spricht die Fliege im Gewimmel.
Nur ich, spricht der Himmel.
Nur ich.

Rebecca Kai Dotlich
Übersetzung: Nora Zapf

Runde Besuche

Oma und ich lieben Kekse.
Oma und ich lieben Tee.

Opa und ich pfeifen gern laut
und erfinden Schokoladenrezepte.

Wir drei suchen das Häschen,
das sich unter der Pinie versteckte.

Wir beobachten im Garten
die runden Hummeln und die Echsen.

Ich les uns gern Geschichten vor.
Ich darf immer in der Mitte sitzen.

Aber mit den beiden kuscheln,
das mag ich am allerliebsten.

Ich glaube wir drei
sind ein einziges Kuschelei!

Pat Mora
Übersetzung: **Uljana Wolf**

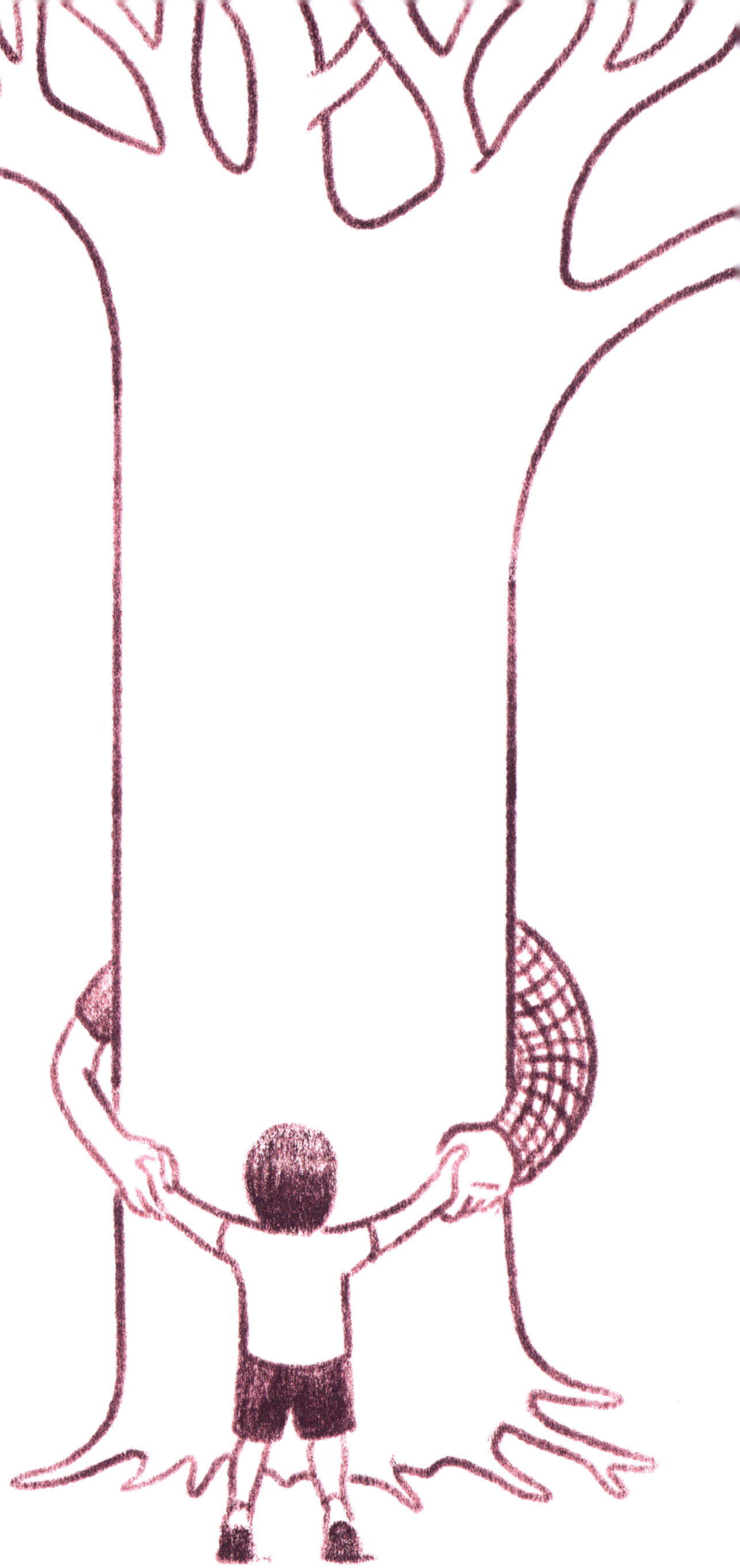

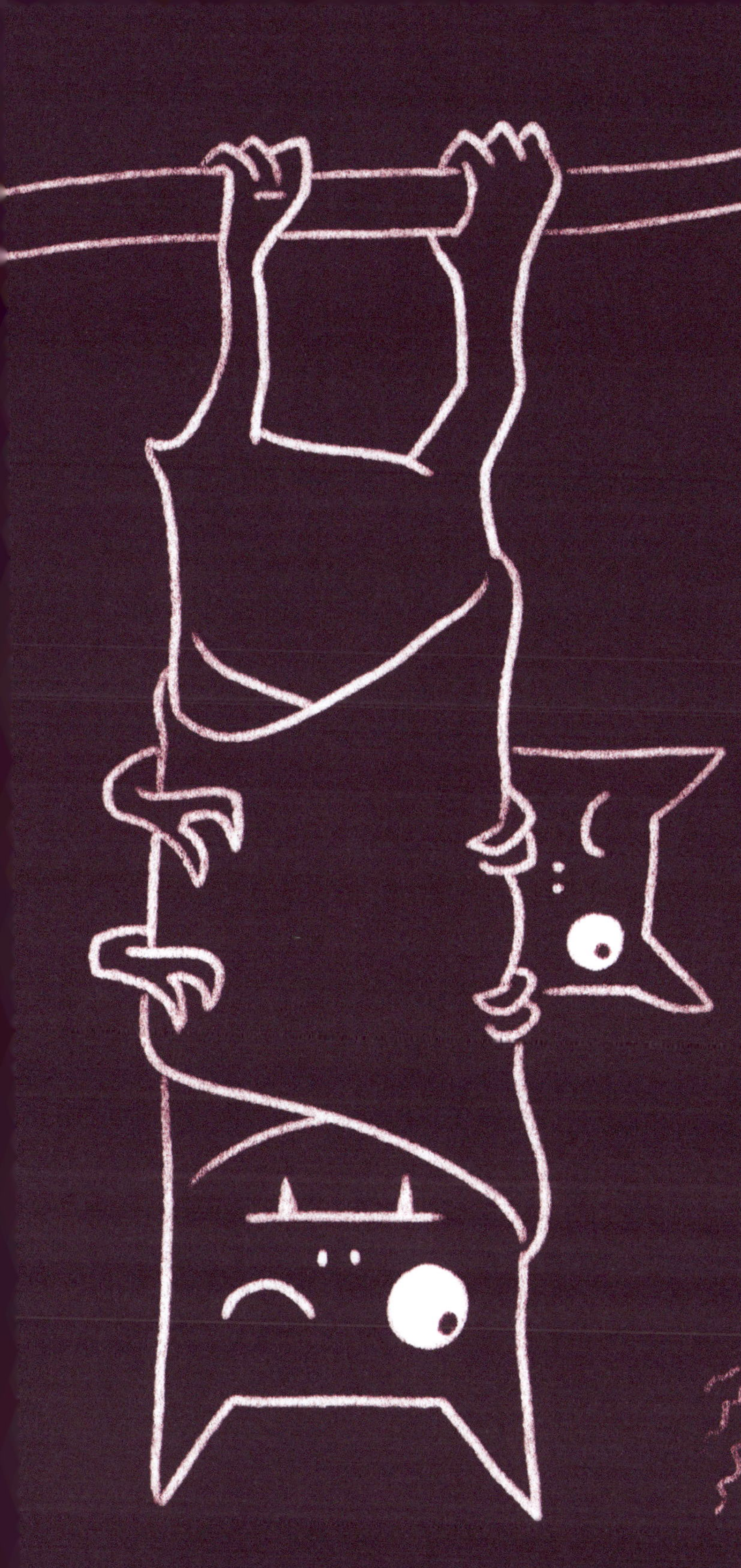

Wir sind Flattertiere

Unsere Flügel flattern
Wie ledrige Laken

Nachts schlitzen wir
Scharfe Schnitte in die Dunkelheit
Jagen Schnaken

Wir steigen hoch
Wir stürzen herab
Wir fliegen

Wir sind Flattertiere

Laura Purdie Salas
Übersetzung: Jan Weiler

Grillen

Zirpend im Dunkeln, schwingt
ihr Lied
in der stillen Luft.
Ein sirrender Chor
im Konzert mit Laubheuschrecken,
Flügelsymphonien
einer warmen Sommernacht.

Elaine Magliaro
Übersetzung: Thomas Klupp

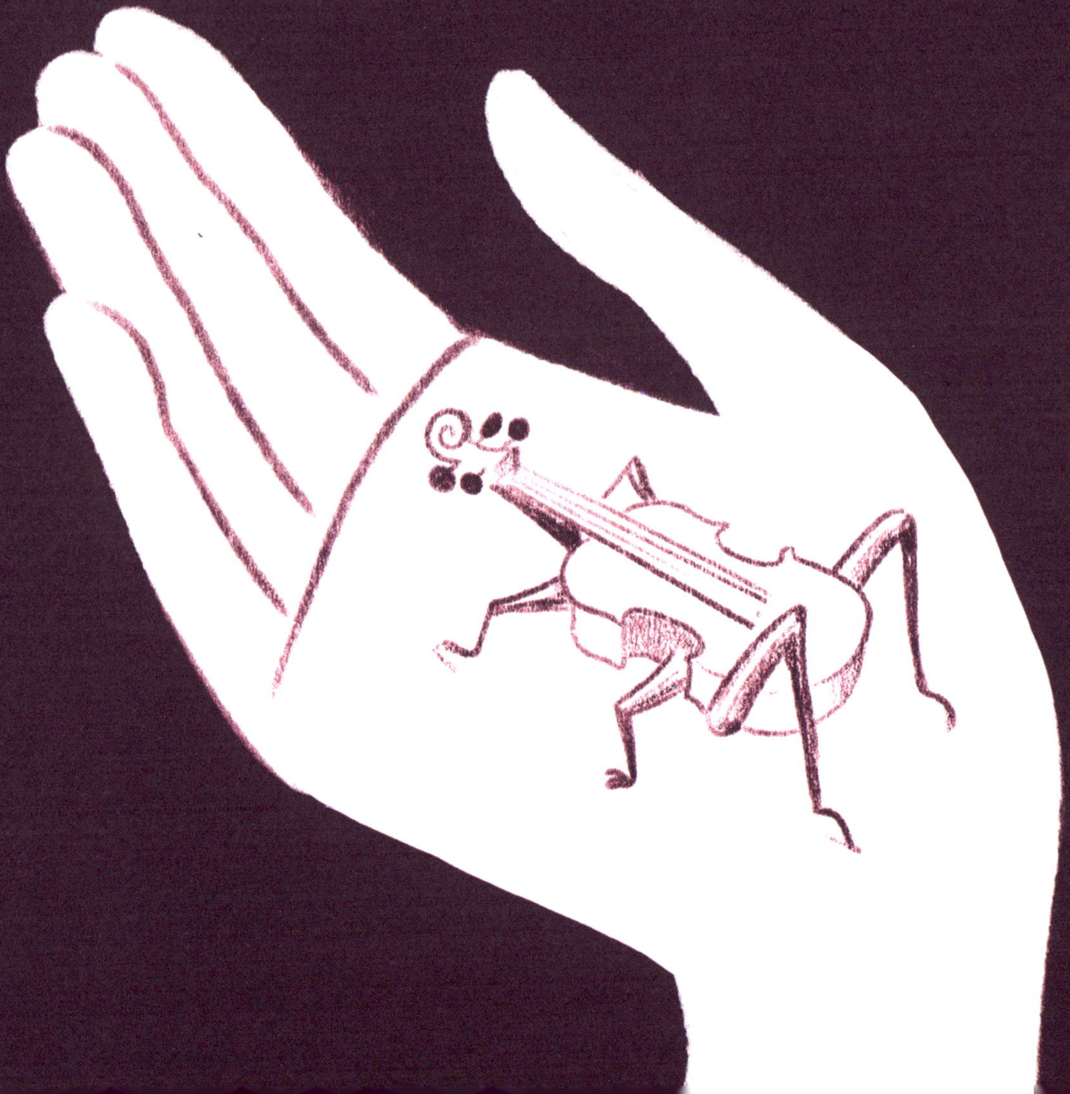

Regenbogen

Die feuchte Luft oben
wringt sich trocken
lässt einen Bogen zurück
zu unserem Glück

Betsy R. Rosenthal
Übersetzung: Root Leeb

Leckerer Mond

Der Mond ist ein saftiger Kuchen
im himmlischen Ofen,
überzuckert und knusprig,
prall wie ein Krapfen
mit Grübchen wie ein Klößchen –
Einfach zum Anbeißen!

Dianne Bates
Übersetzung: Raphael Urweider

Das Bankett der Sonne

Nun streuen die Sterne ihre feinen Lichtkörnchen.
Nun gähnt die goldene Tür, der Ofen öffnet sich
und Licht verteilt sich auf der Platte, überzieht das Dunkel
mit dem trägen Sirup von erwachendem Licht.

Aus dem Ofen der Dunkelheit
rührt sich etwas und rührt sie.
Die Sonne ist bereit! Goldorange.
Bedient euch. Es hat genug für alle.

Nancy Willard
Übersetzung: Raphael Urweider

Deck dich zu mit 'nem Gedicht

Decke in Gedanken dich
vorm Schlafen zu mit 'nem Gedicht.

Halt es sanft, während du pfeifst,
dreh's und wend' es, bis du's weißt.

Tief, ganz tief, poltern seine Bässe
unter des Schlafes Oberfläche.

Tanz dazu die ganze Nacht,
bis irgendwann der Tag erwacht
und frech an deinem Bettchen rüttelt,
dass blinzelnd du das Köpfchen schüttelst.

Ob nun wohl ein Gedicht wird kippen
von deinen frisch erwachten Lippen?

Joan Bransfield Graham
Übersetzung: Angela Lehner

Das kleine rote Bett

Ich schlaf im eignen Bettchen,
Umarm es feuerwehr-rot.
Für meinen Körper eine Decke.
Ein Kissen für den heißen Kopf,
Nur ich und meine Träume im eigenen Bett.

Auch wenn ich noch mit Lätzchen esse,
Bin doch zu groß für eine Wiege.
Mama und Papa brauch ich nicht.
Allein in meinem Bettchen liege.
Nur ich und meine Träume im eigenen Bett.

Jetzt lese mir was vor. Dann lösch das Licht.
Sag, dass mich liebst, küss mich gute Nacht.
Sing mir was sacht,
Und deck mich warm zu.
Nur mich und die Nacht und das eigne Bett,

Nur ich und meine Träume im eigenen Bett.

Allan Wolf
Übersetzung: Franz Josef Czernin

Wenn Papa mich zudeckt

Ruhiges Meer
und warmer Wind,
kein Regen
und kein Sturm,
niemals
fühl ich mich verlassen,
wenn Papa mich zudeckt.

Grün ist das Gras,
schneeweiß die Wolken,
die Bäume im Saft
und der Himmel strahlt,
keine Spur
von schwarzer Nacht,
wenn Papa mich zudeckt.

Da gibt's keinen Nebel
und nichts ist traurig,
die Häschen hüpfen
und die Blumen blühen,
im Zimmer
geht die Sonne auf,
wenn Papa mich zudeckt.

Da lacht der Himmel
und die Engel singen.
Aber was Klitzekleines
stört mich doch –
die kratzigen Stoppeln
an seinem Kinn,
wenn Papa mich zudeckt!

Joshua Seigal
Übersetzung: Erhard Dietl

Wegzehrung für Träumer

Bevor du gehst ins Träumeland
Drück nen Kuss in deine Hand
Spar ihn auf für schlechte Zeiten
Oder lass ihn dich begleiten

Michelle Heidenrich Barnes
Übersetzung: Stefan Beuse

Abenteuer im Schlummerland

Zum Einschlafen hab ich »Gute Nacht, Mond« gelesen,
im Traum ist dann der rote Ballon bei mir gewesen.
Er schwebte über mir im Schlummerland,
die Schnur hielt ich ganz fest in meiner Hand.
Er zog mich hoch, auf einmal konnt' ich fliegen,
der Ballon und ich, keiner kann uns kriegen.
Mein Kinderzimmer öffnet sich nach oben,
wir fliegen raus, wollen alles seh'n:
die Kletterbäume, die im Garten steh'n,
sind klein, als hätten wir uns verflogen.
Und da! Mein Schulhof, voll von Kindern.
Da bin ja ich! Kann doch nicht sein.
Und der, der immer ärgert! Jetzt in klein –
'ne Maus könnt' ihn am Ärgern hindern.
Da drüben ist schon Omas Haus,
ich könnt' zu Fuß zu ihr, so nah sieht es von oben aus.
Alles ist viel kleiner, ganz ungewohnt,
nur eins ist riesig, das ist der Mond!
Am nächsten Morgen bin ich aufgewacht,
mein Kopf voller Gedanken an die Nacht.
Vom Fliegen und von kleinen Bäumen
und davon, wie schön es ist zu träumen.

Chris Cook
Übersetzung: Dita Zipfel

Olivers Ein-Mann-Band

Oliver Oscar Octopus
Spielt jedes Instrument
Sitzt zwischen Sand und Wasser
Mit seiner Ein-Mann-Band.

Er haut auf seine Trommel
Lässt seine Tuba brummen
Und wenn sein Banjo klimpert
Hört man die Krebse summen.

Er kitzelt seine Becken
Spielt Geige kurz davor
Und wenn er singt, dann klingt es
Fast wie ein Himmelschor.

Er hebt nach seinem Hit
Dem »Thunfisch in der Büchse«
Acht Arme in die Höh'
Und küsst dann eine Nixe.

Jeff Mondak
Übersetzung: Franz Hohler

Die Pelzforelle

Habe ich dir von der Pelzforelle erzählt,
die auf dem Rücken Haare hat?
Einen behaarteren Fisch, so behaart
wie ein zotteliges Yak, gibt es nicht.

Zöpfe, die geflochten sind? Hat sie dutzendfach!
Sie wachsen ihr hinten am Nacken.
Ganz von Haar umhangen wirkt sie fast
unbefangen
wie ein Cape tragender Karpfen.

Sie schwimmt ihre Runden in den Seen des
Nordens,
wo das Wasser im Winter gefriert.
Wenn anderen Fischen vor Kälte die Kiemen
vibrieren,
bleibt die Pelzforelle gelassen.

Für die Nacht packt sie sich fest in ihr Haarkleid
und schläft ein, während sie mal hier, mal dort
hintreibt
und im Schatten eines Schiffes von einem Ausflug
träumt
zu einem eleganten Unterwassersalon.

Robert Paul Weston
Übersetzung: Kenah Cusanit

Tintenfisch

Formverdreher
Steineheber
schlauer Schweber
Tintenfischhhhhhh

Meistertarner
Höhlenwarner
Wer bist du eigentlich?
Tintenfischhhhhhh

Immer denkst du
augenzwinkernd
senkst du dich
Tintenfischhhhhhh

Farbvertrickser
Tintenmixer
Gaunerflitzer
Tintenfischhhhhhh

Aber nicht wie du und ich
Tintenfischhhhhhh

Harry Laing
Übersetzung: Thilo Krause

Was du rufen musst, wenn du im Bauch eines Wals gefangen bist

Hilfe! Hilfe! Hilfe!
Hilfe! Hilfe!
Hilfe!
Hilfe!
Hilfe!
Hilfe!
Hilfe!
Hilfe!
Hilfe!
Hilfe! Hilfe! Hilfe! Hilfe! Hilfe! Hilfe!
Hilfe!  Hilfe! Hilfe! Hilfe! Hilfe! Hilfe!
Hilfe! Hilfe! Hilfe! Hilfe! Hilfe! Hilfe!
Hilfe! Hilfe! Hilfe! Hilfe! Hilfe!
Hilfe! Hilfe! Hilfe! Hilfe! Hilfe!
Hilfe! Hilfe! Hilfe! Hilfe! Hilfe! Hilfe!

James Carter

Übersetzung: Christiane Schwabbaur

Gute Nacht sagen

Bevor die Mama
löscht das Licht
(denn im Dunklen
sieht man nicht),
sagen wir noch
Gute Nacht,
mehr nicht.
Gute Nacht, lieber Himmel,
liebe Sterne, gute Nacht,
die Sonne hat längst
ihr Bett gemacht.
Und jetzt noch schnell
der Dinge gedacht,
der großen und der kleinen,
der deinen und der meinen,
die schlafen ohne zu weinen.
Gute Nacht Mama, gute Nacht, Papa,
auch ihr sollt ruhig schlafen,
die Nacht ist für das Schlafen da,
für Menschen und für Schafe.

Kenn Nesbitt
Übersetzung: Michael Krüger

Spielgefährte

Bist ganz allein an einem Sonnentag?
Du hast nen Freund, der spielen mag!
Ja, jetzt ist es Zeit, Du hast ne Schanz
Nimm deinen Schatten raus zum Tanz.
Schwing deine Arme mal nach oben.
Deine Schattenarme rasen übern Boden.
Mach Kurven, Wellen und Winkel auch.
Dein Schatten macht dasselbe drauf.
In die Hocke!
    Spring nach oben!
        Links und rechts
            die Beine KICK!
Dein Schatten kennt schon jeden Trick.
Doch wird ein Tag zum Wolkenort,
schlüpft dein Schatten einfach fort.

Bobbi Katz
Übersetzung: Michael Hammerschmid

ich

Früher war ich klitzeklein
und wusste nichts von mir und mein.
Doch im Spiegel ein Gesicht –
wer war denn das?
Das war ja ich!

Janeen Brian
Übersetzung: Uljana Wolf

Hallo, liebe Zahnfee,

mein Name ist Renée.
Mein Vorderzahn ist weg,
das hat keinen Zweck.
Mit einem Keks verschluckt,
niemand hat geguckt.
Ist nicht mehr nett
in meinem Bett,
kein Zahn, kein Zähnchen,
unterm Kissen nur ein Tränchen.
Mehr habe ich nicht hier,
mit diesem Bild von mir
bitt ich dich um Glück.

Allerherzlichst schick
ich dir mit ohne Zahn 'nen Kuss

(und Schluss!)

Julia Durango
Übersetzung: Friedrich Ani

Mein Deckchen

Ein Deckchen hab ich,
alt und dreckig.
Manchmal niese
ich hinein.
Grau und rosig,
schmierig, fleckig,
verbeult und lumpig,
ziemlich stinkig,
abgenibbelt und zerkaut
und mit Glitzerkram bestäubt
und eingekrümelt
von all dem Essen.

Gut zum Knuddeln,
von Pfützen verschmuddelt.
In der Spielzeugkiste
(ein Gemuddel!).
Wo ist es *jetzt*?
Lass mich schauen.
Wo um alles in der Welt
könnte Deckchen sein?
Willst es waschen? Trocknen?
Darauf lass ich mich noch ein.
Aber Deckchen nehmen? NEIN!
DIESES DECKCHEN, DAS IST MEIN!

Elli Woollard
Übersetzung: Nora Bossong

Ich kann nicht schlafen, wenn es heiß ist

und darum
bringt meine koreanische Großmutter, meine *Halmoni*,
mir ein langes, hohles Kissen
aus Bambusstreifen.
Das ist ein *Jukbuin*, sagt sie,
und das bedeutet »Bambusbraut«.
Ich kuschel mich drumherum
und es kühlt mich.
»Aber, Halmoni«, sage ich,
»ich bin viel zu jung zum Heiraten!«

Janet Wong
Übersetzung: Lea Schneider

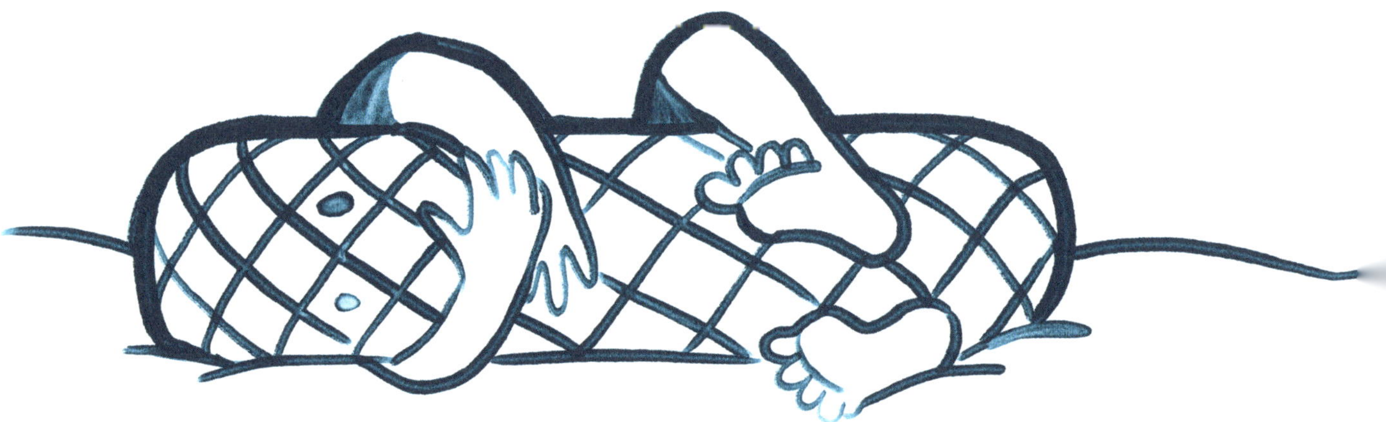

Mama und Papa

Wir bauen uns ein Nest, hoch oben in der alten Zeder,
polstern es mit Flaum und Feder.
Brüten dort elf ganze Tage lang,
und haben wir genug gewartet, andächtig und bang
picken sich fünf kleine Vögel frei,
kraxeln raus und starten mit Geschrei.
Wir fliegen hin und her und raus und rein
wir füttern sie, zwei Wochen lang, sie sind so klein.
Doch futtern sie und wachsen. Wachsen schnell und futtern viel,
bis sie zu groß sind für das Nest im Baum.
Dann schlagen sie mit ihren Flügelchen.
        Probieren es, ein Spiel.
                Und fliegen fort, fünf Vögelchen.
Und wir? Erholen uns – ein Traum.

Helen Frost
Übersetzung: Finn-Ole Heinrich

Entchen Ausflug

Es planschen und es paddeln
durch das Schilfrohr munter
Entchen auf dem ersten Ausflug
– drüber und auch drunter.

Heimlich kommt die Wasserschlange,
gierig nach 'nem Happen …
Gleitet leise, gleitet lange,
will die Entchen schnappen.

Mama Ente schlägt Alarm,
sie schnattert: »Quack Quack Quack!«
Flügel schlagen, Schnabel hackt,
da zieht die Schlange ab.

Entchen planschen, Entchen paddeln
durch das Schilf hindurch;
bei Mama sind die Entchen sicher,
schwimmen ohne Furcht.

Cynthia Porter
Übersetzung: Lea-Lina Oppermann

Zuflucht

Solch schmales Obdach, in das du gefaltet bist,
Schmetterling:
Füße
geheftet
an die linke Seite
dieses tropfnassen Blattes,
Flügel zusammengeschnappt wie ein
flaches graues Portemonnaie, darin
Borten aus Farben.

Joyce Sidman
Übersetzung: Judith Zander

Baseball-Zeit

Du bist dran!
Stell dich recht.
Sieh, der Werfer tanzt nicht schlecht.

Schwing den Schläger –
habe Glück,
das ist jeder Runde Trick.

Schlag den Ball,
lauf und lauf.
Nimm der Freunde Lächeln auf.

Gleite heil
nach Hause ein –
so ist Baseballspielen fein.

Kelly Ramsdell Fineman
Übersetzung: Christoph Leisten

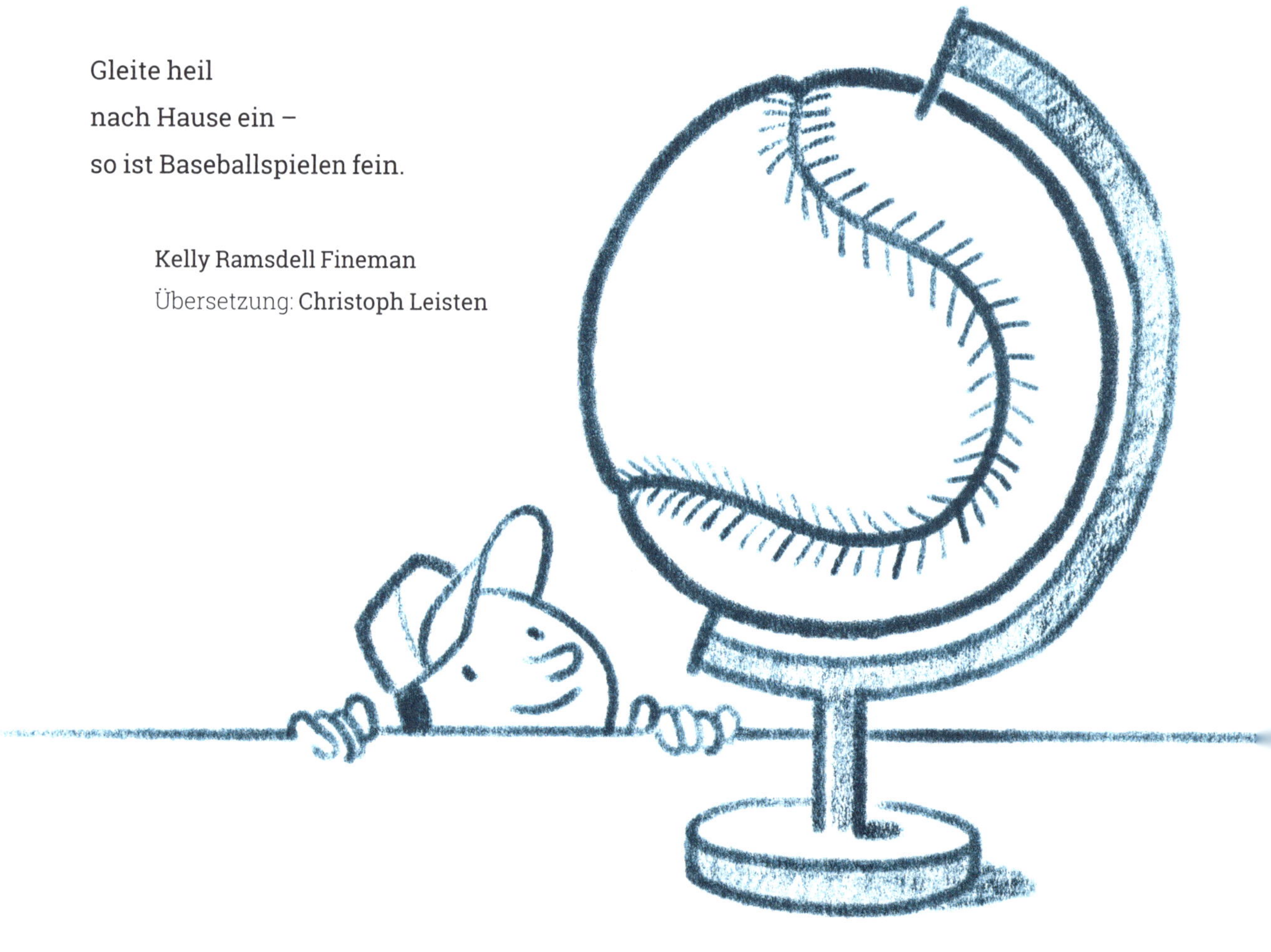

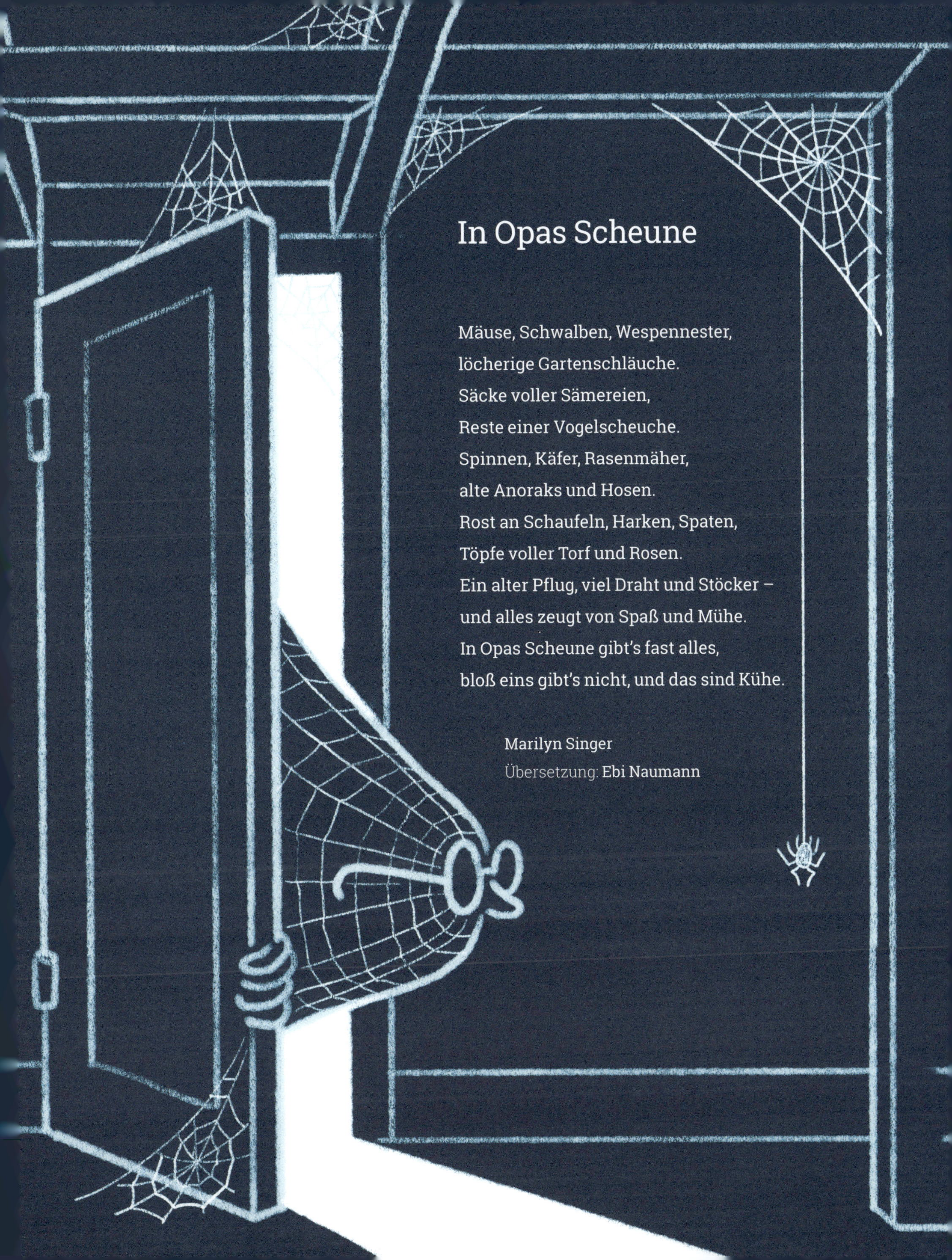

In Opas Scheune

Mäuse, Schwalben, Wespennester,
löcherige Gartenschläuche.
Säcke voller Sämereien,
Reste einer Vogelscheuche.
Spinnen, Käfer, Rasenmäher,
alte Anoraks und Hosen.
Rost an Schaufeln, Harken, Spaten,
Töpfe voller Torf und Rosen.
Ein alter Pflug, viel Draht und Stöcker –
und alles zeugt von Spaß und Mühe.
In Opas Scheune gibt's fast alles,
bloß eins gibt's nicht, und das sind Kühe.

Marilyn Singer
Übersetzung: Ebi Naumann

Novembervulkan

Der Novembervulkan
spuckt
Lava aus Laub

Heidi Mordhorst
Übersetzung: Björn Kuhligk

September

Neue Schuhe und Schulsachen –
Kastanien säumen wie Knöpfe abwärts fallend
den langen Rock des Rasens.
Und der erste Frost, schneidend scharf.
Wie der Kratzer eines Kätzchens.

Liz Rosenberg
Übersetzung: Natalie Buchholz

Jahre

Es ist Herbst und alle Blätter fallen.
Winter Winter hört man es schallen.
Deinem Fahrrad sag nun auf Wiedersehen.
Bald wirst du auf Schlittschuhkufen stehen.

Es drehen die Jahreszeiten sich im Kreis.
Der Frühling wartet unter Schnee und Eis.

Die Jahreszeiten kommen und gehn.
Das zu wissen: Ach wie schön.

Mary Ann Hoberman
Übersetzung: Rolf Lappert

Fährten

kleine tierspuren
vernähen die weiße flickendecke des schnees
mit unregelmäßigen stichen

Tracie Vaughn
Übersetzung: **Raoul Schrott**

Jerrys Schneemann

Ob du als Künstler
heulen willst,
wenn deine Kunst
auf einmal schmilzt?

Kalli Dakos
Übersetzung: Jo Lendle

Zwei Engel im Schnee

Zusammen
liegen wir im Schnee.

Wie zwei Engel
aus der Höh.

Flügel schwingend,
Arme weit.

Leise flatternd
Seit an Seit.

Carole Gerber
Übersetzung: Birgitt und
Johannes Kollmann

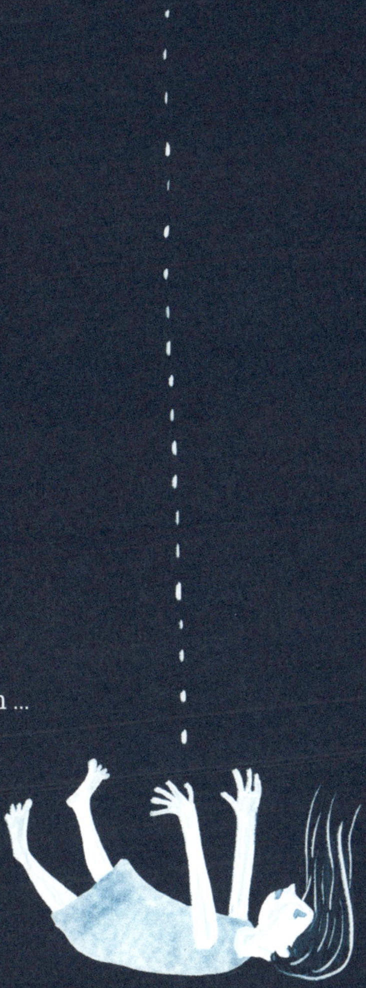

Schlafenszeit

Kuscheli, kuscheli,
Kussili, Kussili –
liebhabi Brudi, liebhabi Schwestilein,
umarmi, drück, drück,
schnell in den Schlafanzug rein,
liebhabi Papi, liebhabi Mami,
liebhabi Katzi,
liebhabi Hundiklein,
seif dich mit Liebhab von oben nach unten ein …
schnell noch mal Kitzel-den-Bauch,
lieb und – zack! – frech – ha! – auch,
bisschen noch liebhabi, bisschen noch quetschi,
lieb, lieb, liebhabi, liebhabidetschi,
Schlafenszeit, Schlafenszeit, leg mich jetzt hin –
oh, mein pochender Liebhabi-Sinn.

Julie Larios
Übersetzung: Paul Brodowsky

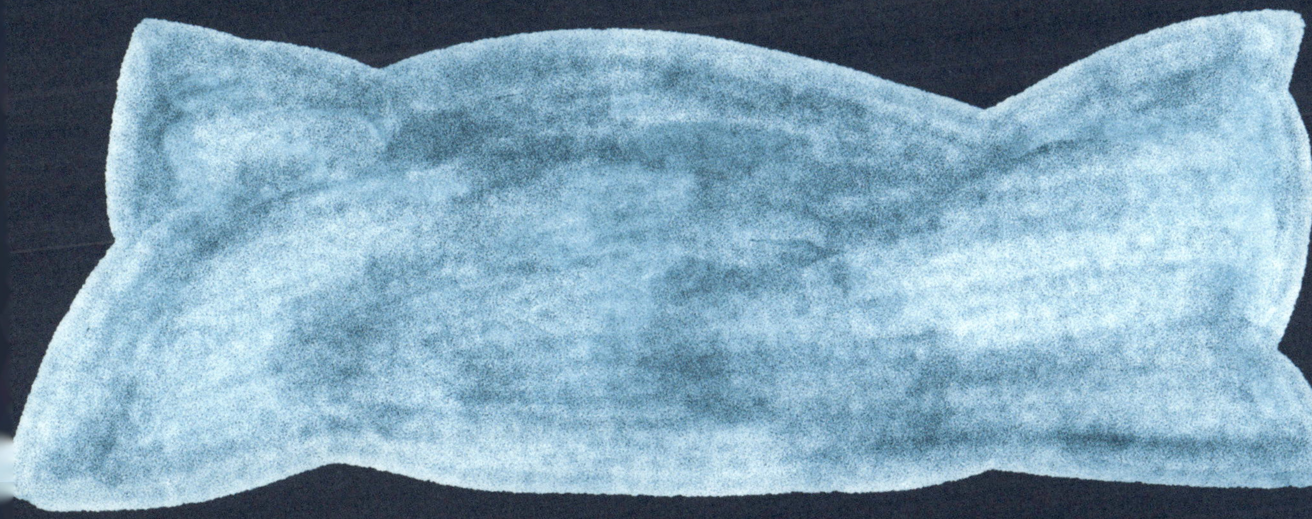

Oh, du mein süßes Bett

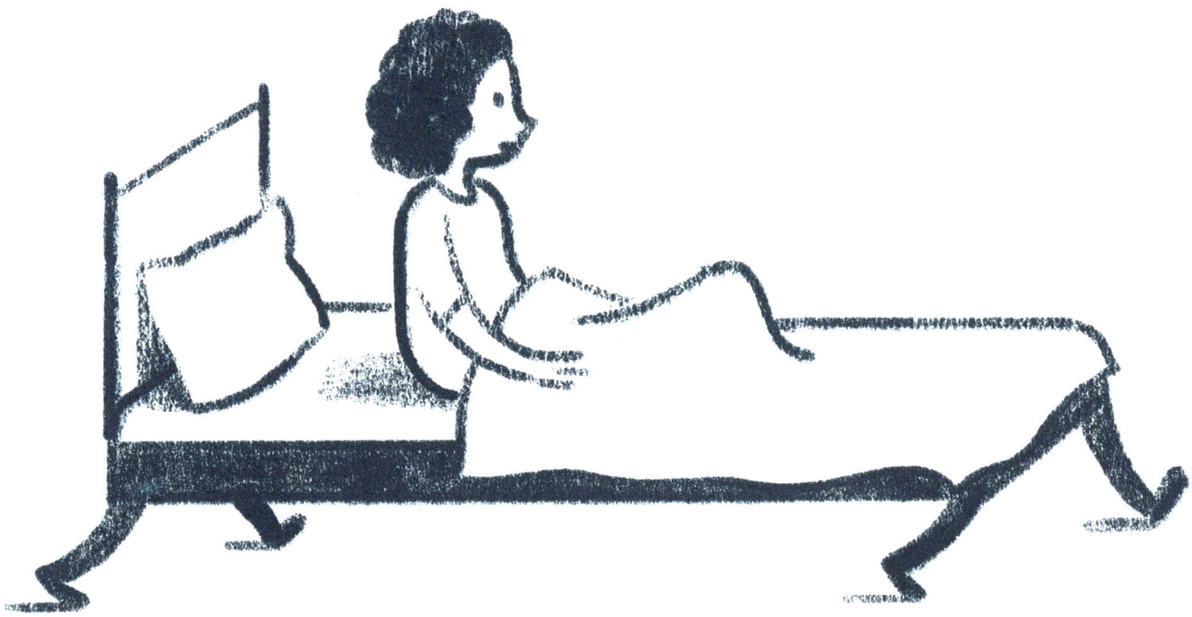

Von den vielen zauberhaften Orten,
die ich in meinen Büchern traf,
ist keiner so entzückend
wie das kleine Bett, in dem ich schlaf.

Im Bett, da schlafe ich nicht nur
und verberge mich vor üblen Dingen.
Mein Bett ist eine stolze Burg,
um Monster zu bezwingen.

Mein Bett ist ein Raketenwerfer,
von dem aus ich zum Himmel fliege.
Mein Bett ist wie ein schneller Flitzer,
mit dem ich bei jedem Rennen siege.

Mein Bett ist eine riesige Manege,
durch die ich Salto schlagend fege.
Mein Bett, das ist ein Kinderkrankenhaus,
in dem ich meine Comicfreunde pflege.

Und selbst wenn ich schlafe
bis zum nächsten Morgen,
bleibt mein Bett so wunderbar,
hält mich in Träumen fest geborgen.

Brian Rock
Übersetzung: Rainer Moritz

Q und Du

Wenn ich alles tun könnte, was ich wollte,
Weißt du, was ich dann tu?

Dann wäre ich ein Buchstabe,
Am liebsten ein Q.

So könnte ich dir ganz nah sein,
Ganz nah, ich und du.

Du wärst meine Liebe,
Den ich umarmte, das wärst du.

(Das ich bin ich, das Q. Und will nicht wirr machen, dich, das Du.)

Joe Mohr
Übersetzung: Christiane Schwabbaur

Zähl auf dein Glück

Sei dankbar für den Hut,
Denn dafür hast den Kopf,
Und wenn nicht, dann pack
den Tod am eigenen Schopf.

Lemony Snicket
Übersetzung: Franz Josef Czernin

Varity Vaughn hat gegähnt

Das längste Gähnen der Welt, 17 Wochen
sie lief draußen rum
Mund weit offen
Du sahst die Innenseiten ihrer Wangen

Weil ihr Mund so halb auf war
schwirrten paar Fliegen rein
und eine Maus lief denen hinterher
Doch als Varity schluckte
war ihr Mund wieder leer

Eine Katze suchte in ihrem Mund
nach einem guten Versteck vor diesem schlimmen Hund,
der hieß »Big dave« – aber er blieb nicht lang,
denn dann kam ein Bär.
Und der Bär hat Varitys Mund mit ’ner Höhle verwechselt.

Irgendwann war das Gähnen vorbei
Und ihre Freunde eilten applaudierend herbei
Aber der Grizzly Bär
ist immer noch da, der ruht sich aus
und schläft da irgendwo hinter ihrem Kiefer.

Mike Lucas
Übersetzung: Helene Hegemann

Wie man einschläft

So, Teddy, jetzt ist's langsam Zeit,
dass wir schlafen gehen.
Wie man das macht? Hab acht!
Du musst auch nicht bis hundert zählen.

Geh ins Bett und schließ die Augen,
atme durch und lass dich falln,
stell dir vor, du bist ein Flugzeug
und saust mit ihm durchs All.

Und wenn du etwas tiefer fliegst,
bis die Wolken über dir stehn,
dann ist das Meer plötzlich unter dir,
wie du es nie gesehn.

Jetzt lass dich auf dem Wasser nieder,
denn jetzt bist du ein Boot,
und lass dich von den Wellen schaukeln
ganz sanft im Abendrot.

Und schon bist du ein Unterseeboot
und sinkst in die Tiefe hinunter,
wo die Fische aus ihren Höhlen kommen,
sehr flink und kunterbunter.

Schon wirst du zu einem Höhlenforscher
und schwimmst einem Fisch hinterher,
ganz leicht und ruhig schwimmst du dahin,
denn es gibt keine Kanten im Meer.

Jetzt bist du ein Teil der hohlen Höhlen
und ein Teil der Warmen Quellen,
ein Teil der warmen Brandung
und der sanften Wellen.

Es ist so friedlich auf deinem Wellenbett,
so warm und still und fein,
jetzt streck dich über die ganze Welt
und schlafe ruhig ein.

Kenn Nesbitt
Übersetzung: Michael Krüger

Oma zu Besuch

Heute war Oma mit mir am Strand
Da kam eine große Welle
ich erschrak und wich zurück,
da zwinkerte Oma und küsste mich auf der Stelle.

Heute war Oma mit mir im Park
sie zählte laut, ich suchte ein Versteck,
plötzlich fühlte ich mich furchtbar allein,
doch da kam Oma schon und küsste mir die Tränen weg.

Heute hat Oma ihre Tasche gepackt
weil sie nach Hause fahren muss,
sie sah ein bisschen traurig aus,
da zwinkerte ich und gab ihr einen Kuss.

Sally Murphy
Übersetzung: Noemi Schneider

Den Tisch decken

Darf ich den Tisch decken?
Darf ich die Sachen aufräumen?
Darf ich Löffel und Gabeln hertragen?
Und meine Tasse, die mit den Bäumen?

Darf ich die Marmeladen herausstellen?
Und auch die Butter hier?
Darf ich den Frühstückstisch decken?
Und mich dann setzen, zu dir?

Jane Yolen
Übersetzung: Silke Schlichtmann

Keine Erbsen

Oh bitte, keine Erbsen, mein Mund bleibt zu
Wie bitte? Nur ein paar Löffel sagst du?
Nein, Tante! Bloß keine Erbsen, bitte nicht, nein!
Ein Ei hätt' ich gern, auch Käse wär' fein
Ich würd' sie süß, auch roh und knackig essen
Aber nicht warm, das musst du echt vergessen
Ich müsste spei'n, du riechst's, dir wird schlecht
Die Sauerei wär' dir sicher auch nicht recht
Keine Erbsen, niemals, ich kann nicht, echt keine
Egal was du sagst, ich schlucke nicht eine
Fest will ich die Lippen zusammenpressen
Und keine einzige Erbse essen!

Was riech ich? Torte mit Guss?
Wie lecker! Ach herrlich! Das ist Genuss!
Okay, her mit den Erbsen, hier in die Mitte
Das war's, alle weg. Nachtisch? Ja bitte!

Teena Raffa-Mulligan
Übersetzung: Silke Wolfrum

Im Kanu

Langsam gleitend
durch flüssiges Silber
seh'n wir das Wasser
wie's zittert, wie's schimmert.
Mit dem Riesenlöffel rühr'n wir im Licht
und fahren dem Mond
direkt durchs Gesicht.

Juanita Havill
Übersetzung: Birgitt und
Johannes Kollmann

Niemand kann ewig leben

Das sagt der Pensionär
Dann schiebt er nach, zum Glück, pass auf:
Dauert noch, oh yeah

Der Plan gefällt mir leider nicht
Dann schreib ich ihn jetzt um
Dann kann ich ewig leben
Und so setz ich es um:

Ich fahr mir Tonnen Möhrchen rein
Stopf mir Kohlrabi in den Munde
Dann wird jede Sekunde
Für mich wie eine Stunde

Und jeder Bissen meiner Zeit
Schmeckt nach Ewigkeit, wenn
Statt Sahne, Brandteig und Krokant
Und Daim frag ich nach Kresse

Verzicht auf Mayo und Pommfritten
Und alles, was im Schmalze blubbert
Ewigkeiten kommen und gehn
Ich bleib. Das wirst du sehen

Ich rüssel am Karottensaft
Wafflos wirds bei mir nicht geben. Keine Wafflos?
KEINE WAFFLOS?
Wer will schon ewig leben?

Judith Viorst
Übersetzung: Takis Würger

Und ich ich schlummre im Bett

Unter Decken bin ich die Sonne versunken
Dem hektischen Tag hab ich nachgewunken
Wenn ich die Augen schließe
Ganz Andere sind so nett
Und wachen die ganze Nacht
Und ich ich schlummre im Bett

Von Bäckern die Kuchen und Muffins gemacht
Fluglotsen halten Flugzeuge in Schach
Taxifahrer karren Leute umher
Brummifahrer kreuzquer im Verkehr
Und ich ich schlummre im Bett

Die Ärzte bewältigen Notfälle
Die Postler die nächste Postwelle
Alarmglocken lassen die Feuerwehr flitzen
Die Reinigungskräfte machen Büros wieder blitzen
Und ich ich schlummre im Bett

Nachtportiers checken die Schläfrigen ein
Der Zeitungsdruck soll bald fertig zum Lesen sein
Fabrikarbeiter schuften die ganze Nacht
Polizisten sorgen für Sicherheit
Und ich ich schlummre im Bett

Die Sonne geht auf ich spring auf die Füße
Der Morgen entsendet schon seine Grüße
Ich bin glücklich zu sagen
Ich erwarte was kommt
Mit Dank an die Arbeiter dieser Nacht
War ich schlummernd im Bett

Michael Salinger
Übersetzung: Michael Lentz
und Sophia Siebert

Luftschiffe

Wie Silbersegel auf Silberbooten
schwebt eine Wolkenflotte vorbei
und ankert in einer Milchstraßenbucht
unter dem Leuchtturm des Mondes.

Charles Ghigna
Übersetzung: Peter Stamm

Morgenstern

Wenn ich ein Stern wär
der funkeln kann
von Diamanten umringt
in der Nacht

Dann würde ich warten
bis der Morgen kommt
und dann erst glitzern
mit all meiner Macht

Jackie Hosking
Übersetzung: Jackie Thomae

Nachtflug

Schließ die Augen,
damit wir losdüsen können
in den Wolkenzirkus
unterm Himmelszelt.

Schließ die Augen
und schnall dich an.
Wir werden heute Nacht
um den Mond zischen.

Schließ die Augen
und saus mit mir
über das schwarze,
aufgewühlte Meer.

Schließ die Augen
dann fliegen unsere Träume
vom zackigen Gipfel
zum plitschigen Strand.

Und wenn wir erstmal
von Stern zu Stern,
von hier nach dort,
von nah zu fern,
von höchsten Höhen zu tiefsten Tiefen,
von Küste zu Küste geheizt sind,
werden wir heimschweben
zu Toast und Ei, Ei.

Ted Scheu
Übersetzung: Anton G. Leitner

Mondmäuse

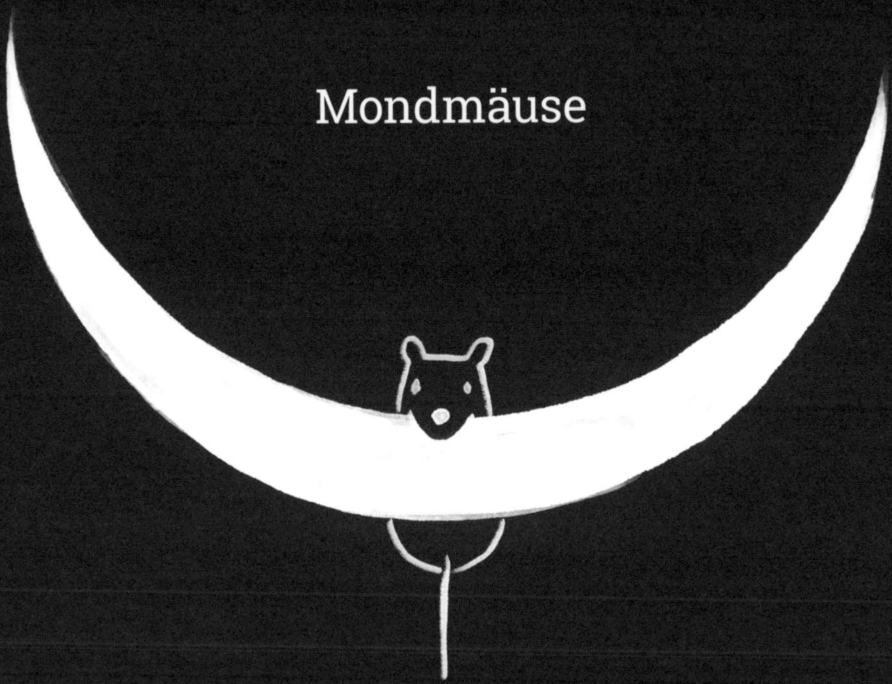

Mondmäuse mit Hunger sind schlau.
Sie wissen Eines ganz genau:
Der Mond ist aus Käse gemacht,
rund und gelb, eine wahre Pracht!
Der Mondkäse ist groß und hell,
die Mondmäuse essen schnell.
Sie schmausen und schmatzen,
sie knabbern und kratzen,
sie fressen vergnügt bis tief in die Nacht.
Ach, wie das Mondmäuseherz da lacht!
Langsam verschwindet Stück für Stück.
Was für ein stilles Käse-Glück!
Nach einer schönen Weile
– ohne Hast und ohne Eile –
ist vom Käsemond, den sie so lieben,
nur ein strahlendes Lächeln geblieben.

Neal Levin
Übersetzung: Heinz Janisch

Gespräch mit einer Kuh

Heut traf ich eine Kuh,
die, übers Feld herbeispazierte.

Sie rief mir zu:
Muuuuh

Und ich rief zurück:
Muuuuh

Und sie erwiderte:
Muuuuh

Und ich stimmte ihr zu:
Muuuuh

Und schließlich,
ganz gelassen und galant,

gingen
wir
beide
unsres Weges.

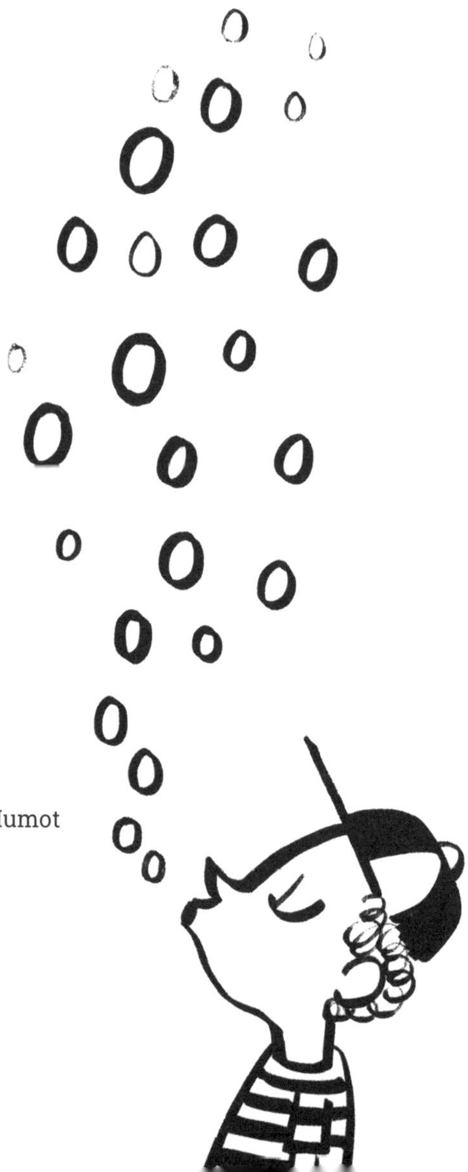

Sharon Creech
Übersetzung: André Mumot

Alter Ned

Im Stall steht unser Ackergaul,
der alte Ned. Das Auge trüb,
der Rücken krumm, kein Zahn im Maul,
doch immer nett. Ich hab ihn lieb.
Wie stolz lief er an Papas Wagen!
Vor langer Zeit.
Durch Nieseldunst an Frühlingstagen,
durch Schnee und Eis.
Er zog den Pflug
durch schweren Sand,
jetzt frisst er Möhren
aus der Hand.
Mein Papa sagt, nun darf er ruh'n
im warmen Stall.
Muss außer schlafen
nichts mehr tun.

David Davis
Übersetzung: Anke Bastrop
und Juli Zeh

Das Gürteltier

Das Gürteltier lebt gut und ganz er-
Schütterungsfrei im Schuppenpanzer.
Tief innen drin ist's sanft und zart,
Doch an der Oberfläche hart
Und drum als Bettgenoss beschissen.
Schlaf nicht mit ihm. Benutz dein Kissen.

X. J. Kennedy
Übersetzung: Urs Allemann

Peters Schlange

Erzählte Peter: Ich beging einen Fehler
beim Kauf einer 12-füßigen Schlange.
Geschockt war ich nur wenig später,
sie kam mit der Nachricht und mir wurde bange:
Sie brauche 6 Paar neue Treter.

Linda Knaus
Übersetzung: Peter Brugger

Mein Freund, das Chamäleon

Mein Freund, das Chamäleon, hast du es gesehen?
Es kann, ohne aufzufallen, einfach überall hingehen.
Von allen bekannten Echsen
Kann es am besten hexen
Wechselt magisch seine Farbe
Passt in jede Landschaft, keine Frage.

Nina Laden
Übersetzung: Nadja Küchenmeister

Hamster, Maus und Känguru

Ich weiß nie, was ich sagen soll,
wenn Sandra bei mir spielen will,
denn leider kommt sie nicht allein,
sie lädt auch ihre Tiere ein.

Vom Hamster wird mein Näschen rot.
Die Maus frisst mir den Käs vom Brot.
Aber das Känguru ist wirklich toll.
Es hüpft mit mir, so oft ich will.

So ein Känguru ist nicht verkehrt.
Es springt viel höher als ein Pferd.
Und wenn du mal mit einem hopst,
halt dich gut fest und schütz den Kopf.

Und wenn ihr mich zum Burtseltag
nach meinem Lieblingshaustier fragt,
ich wüsst, was ich mir wünschen soll:
nur eines ist so wundervoll.

Mir fielen weder Maus noch Hamster ein.
Da könnt ihr aber sicher sein.
Lieber frag ich mich durch jeden Laden,
ob sie was zum Hüpfen haben.

Also, Sandra, ja, komm vorbei,
zu welcher Zeit ist mir ganz einerlei.
Von mir aus auch mit Katz und Kakadu,
nur vergiss bitte nicht dein supercooles
Känguru.

Martin Pierce
Übersetzung: Nancy Hünger

Rock Pool

Stichling nimmt die Bassgitarre
Siedlerkrebs haut auf die Trommeln
Seestern steht am Mikrofon
Und die Garnele schräbbelt.

Die härteste Rock-Band weit und breit,
komm und erwisch uns live,
besorg dir schnell die Eintrittskarte,
denn die Flut erfasst uns gleich.

Matt Goodfellow
Übersetzung: Alexa Hennig von Lange

Im Traum begegnete mir ein Einhorn

Im Traum
begegnete mir ein
Einhorn, sein Fell war weiß wie Schnee.
Seine Stimme war sanft und tief, sein kleines
Horn entzückend.

Es sprach
von fernen, sagenhaften
Ländern. Dann senkte es seinen Kopf.
Ich hob meine Hände und kletterte auf
seinen Rücken.

Der Wind
durchrauschte seine Silbermähne.
Es galoppierte durch den Himmel, hoch über
Wälder und goldene Ebenen hin, Wolken
flauschig weit und breit.

Als ich aufwachte
tanzte die schöne Begegnung
immer weiter in meinem Kopf. Seine
funkelnden Hufe!
Seine leuchtenden Augen! Jetzt ist es auf
einmal wieder Bettzeit.

Wieder einmal muss ich
bis zum frühen Morgen schlafen.
Ich schließe meine müden Augen und hoffe,
dass
mein Einhorn auf mich wartet, zum Ausritt
durch den Sternenhimmel bereit.

Dave Crawley
Übersetzung: Mikael Vogel

Schluss Gedicht

Kuscheln, lauschig
Flüster, hör
Leise Stimme
Einschlaf-Buch

Eselsohren
Seite zu
Gute-Nacht-Kuss
Endlich Ruh

Stephanie Calmenson
Übersetzung: Tom Schulz

Die Übersetzerinnen und Übersetzer

Katharina Adler, geboren 1980, lebt in München. Bereits für das Manuskript ihres Romans »Ida« (Rowohlt 2018) erhielt sie das Literaturstipendium des Freistaats Bayern und wurde für den Alfred-Döblin-Preis nominiert. Seite 75

Henning Ahrens, geboren 1964, lebt in Frankfurt am Main. Er ist Autor und literarischer Übersetzer. Seite 77

Urs Allemann, geboren 1948, lebt in Goslar. Er ist Schriftsteller und Journalist. Zuletzt erschien 2013 »In Sepps Welt. Gedichte und ähnliche Dinge«. Seite 166

Friedrich Ani, geboren 1959, lebt als freier Schriftsteller und Drehbuchautor in München. Zuletzt erschien 2019 »All die unbewohnten Zimmer« bei Suhrkamp. Seite 130

Willy Astor, geboren 1961, ist Kabarettist, Komponist und Musiker und lebt in der Nähe von München. Zuletzt erschienen 2019 »Das Buch für Wortgeschrittene« und die CD »Jäger des Verlorenen Satzes«. Seite 37

Fatma Aydemir, geboren 1989, ist Schriftstellerin und Journalistin und lebt in Berlin. 2017 erschien ihr Roman »Ellbogen« bei Hanser, 2019 gab sie zusammen mit Hengameh Yaghoobifarah die Anthologie »Eure Heimat ist unser Alptraum« bei Ullstein heraus. Seite 98

Rolf Barth, geboren 1950, ist Theaterwissenschaftler, Theatermacher, Dozent, Drehbuch- und Kinderbuchautor. Bei Hanser erschien zuletzt 2019 das Bilderbuch »Mein Andersopa« (mit Illustrationen von Daniela Bunge). Seite 60

Anke Bastrop, geboren 1982, lebt in Schwerin. Ihr Debüt »Pyrit« erschien 2013. Seite 165

Daniel Bayerstorfer, geboren 1989, ist Schriftsteller und Übersetzer und lebt in München. Sein Debüt »Gegenklaviere« erschien 2017, zuletzt veröffentlichte er gemeinsam mit Tobias Roth »Die Erfindung des Rußn«. Seite 43

Rotraut Susanne Berner, geboren 1948, ist seit 1977 freie Buchgestalterin, Autorin und Illustratorin. Ihre Arbeiten sind vielfach preisgekrönt. Zuletzt erschien »Alles, was du brauchst« (Text: Christoph Hein, Hanser 2019). Seite 55

Stefan Beuse, geboren 1967, lebt als Autor, Texter und Fotograf in Hamburg. Bei Hanser erschienen in Zusammenarbeit mit Sophie Greve 2018 und 2019 die Kinderbücher »Die Ziege auf dem Mond« und »Der Pinguin sucht das Glück«. Seite 119

Nico Bleutge, geboren 1972, ist Lyriker und Autor und lebt in Berlin. Zuletzt erschien 2015 der Lyrikband »Nachts leuchten die Schiffe«. Seite 29

Isabel Bogdan, geboren 1968, lebt in Hamburg und schreibt, bloggt und übersetzt, u. a. Jane Gardam und Jonathan Safran Foer. Zuletzt erschien ihr Roman »Laufen« (Kiepenheuer & Witsch). Seite 69

Nora Bossong, geboren 1982, lebt als Autorin in Berlin. Bei Hanser erschien zuletzt »Rotlicht« (2017) und 2018 ihr Gedichtband »Kreuzzug mit Hund« bei Suhrkamp. Seite 131

Paul Brodowsky, geboren 1980, ist Literaturwissenschaftler, Dramatiker und Autor und lebt in Berlin. Seite 145

Peter Brugger, geboren 1972, ist Sänger und Gitarrist der Sportfreunde Stiller. Er lebt in der Nähe von München. Seiten 72 und 167

Mareen Bruns, geboren 1989, ist Lyrikerin, Autorin und Übersetzerin und lebt in Berlin. Seite 100

Natalie Buchholz, geboren 1977, lebt als Autorin in München. Ihr Debütroman »Der rote Swimmingpool« erschien 2018 bei Hanser. Seite 139

Quint Buchholz, geboren 1957, arbeitet seit 1979 als Maler, Illustrator und Autor. Zuletzt erschienen in Zusammenarbeit mit Dorothée Kreusch-Jacob das

Liederbuch »Sonne, Mond und Abendstern« (Hanser 2018) und »Das Buch der Langsamkeit« (Gütersloher Verlagshaus 2019). Seite 16

Simone Buchholz, geboren 1972, lebt als Autorin in Hamburg. Zuletzt erschien das Kinderbuch »Johnny und die Pommesbande. Wir sind die Schnellsten«. Seite 45

Carolin Callies, geboren 1980, lebt in der Nähe von Heidelberg. Zuletzt erschien ihr Gedichtband »schatullen & bredouillen« bei Schöffling & Co. Seite 108

Kenah Cusanit, geboren 1979, lebt in Berlin. Für ihre Essays und Gedichte wurde die Altorientalistin und Ethnologin bereits mehrfach ausgezeichnet. Bei Hanser erschien 2019 ihr Debütroman »Babel«. Seite 123

Franz Josef Czernin, geboren 1952, hat zahlreiche Gedichte, Prosa, Theaterstücke, Essays und Aphorismen veröffentlicht. Gerade erschien bei Hanser der Gedichtband »reisen, auch winterlich«. Seiten 117 und 148

Erhard Dietl, geboren 1953, ist Grafiker, Illustrator und Autor von Kinderbüchern. Zu seinen bekanntesten Kinderbüchern gehören »Die Olchis«. Seite 118

John von Düffel, geboren 1966, ist Schriftsteller und Dramaturg. Zuletzt erschien 2017 der Roman »Klassenbuch« bei DuMont. Seite 51

Ulrike Draesner, geboren 1962, lebt als freie Schriftstellerin in Oxford und Berlin. Ihr Werk umfasst Gedichtbände, Romane, Erzähl- und Essaybände, Hörspiele und Übersetzungen. Zuletzt erschien 2018 »Eine Frau wird älter: Ein Aufbruch« bei Penguin. Seite 64

Stefanie Ericke-Keidtel, geboren 1978, ist Mitorganisatorin und Programmgestalterin von Hamburger Literaturevents und Pressefrau des Hamburger Independentverlages mairisch. Seite 86

Marlene Fleißig, geboren 1992, studierte Übersetzen und Dolmetschen in Leipzig. Ihr Debütroman »Bestimmt schön im Sommer« erschien 2019 bei hanserblau. Seite 78

Franzobel, geboren 1967, ist ein österreichischer Maler, Dramatiker, Lyriker und Schriftsteller. Bei Zsolnay erschien zuletzt »Rechtswalzer«. Seite 102

Amelie Fried, geboren 1958, ist Autorin von Romanen, Sachbüchern und Kinderbüchern. Bei Hanser erschien gerade »Ich bin hier bloß die Mutter« (mit Illustrationen von Hildegard Müller). Seite 53

Sylvia Geist, geboren 1963, veröffentlichte Gedichtbände, Prosa und Herausgaben. Bei Hanser Berlin erschien zuletzt 2018 der Lyrikband »Fremde Felle«. Seiten 21 und 80

Durs Grünbein, geboren 1962, lebt und arbeitet als Dichter, Übersetzer und Essayist in Berlin und Rom. Zuletzt erschien sein Gedichtband »Nach den Satiren« (Suhrkamp 2019). Seite 26

Uwe-Michael Gutzschhahn, geboren 1952, arbeitet freiberuflich als Übersetzer, Autor, Herausgeber, Lektor und Literaturagent in München. Seiten 30 und 42

Michael Hammerschmid, geboren 1972, ist Autor und Lektor für deutsche Literatur. Bei den Tollen Heften erschien der Lyrikband »Schlaraffenbauch: Gedichte«, illustriert von Rotraut Susanne Berner (Edition Büchergilde 2018). Seite 128

Helene Hegemann, geboren 1992, ist Autorin, Regisseurin und Schauspielerin. Zuletzt erschien 2018 ihr Roman »Bungalow« bei Hanser Berlin. Seite 149

Christoph Hein, geboren 1944, arbeitet als Schriftsteller, Dramatiker, Übersetzer und Essayist. Sein erstes Kinderbuch »Alles, was du brauchst« erschien 2019 bei Hanser (mit Illustrationen von Rotraut Susanne Berner). Seite 23

Finn-Ole Heinrich, geboren 1982, lebt und arbeitet als freier Autor in Hamburg und Südfrankreich. Zuletzt erschien sein Roman »Die Reise zum Mittelpunkt des Waldes« (mairisch 2018). Seite 133

Saskia Heintz, geboren 1966, ist Leiterin des Hanser Kinder- und Jugendbuchverlags, Herausgeberin und Übersetzerin. Seiten 39, 68 und 103

Alexa Hennig von Lange, geboren 1973, wurde mit ihrem Debütroman »Relax« zu einer der erfolgreichsten Autorinnen ihrer Generation. Zuletzt erschien 2018 »Kampfsterne« bei DuMont. Seite 172

Sandra Hoffmann, geboren 1967, lebt als freie Schriftstellerin in München. Zuletzt erschien 2019 ihr Jugendroman »Das Leben spielt hier« bei Hanser. Seite 63

Franz Hohler, geboren 1943, zählt zu den großen Schweizer Autoren der Gegenwart. Zuletzt erschien 2018 der Gedichtband »Am liebsten aß der Hamster Hugo Spaghetti mit Tomatensugo« bei Hanser. Seiten 89, 95 und 122

Nancy Hünger, geboren 1981, lebt als freie Autorin und Bibliomanin in Erfurt. Zuletzt erschien 2017 ihr Buch »Ein wenig Musik zum Abschied wäre trotzdem nett« bei Edition Azur. Seiten 90 und 170

Nobert Hummelt, geboren 1962, ist deutscher Dichter, Übersetzer und Kulturjournalist. Zuletzt erschien 2018 »Der Atlas der Erinnerung« bei NIMBUS. Seite 96

Hendrik Jackson, geboren 1971, lebt als Lyriker und Übersetzer in Berlin. Zuletzt erschien »Panikraum – 3 Erkundungen« (kookbooks 2018). Seite 17

Heinz Janisch, geboren 1960, arbeitet für den ORF und ist einer der bekanntesten österreichischen Kinderbuchautoren. Zuletzt erschien »Das Große Rennen« (Jungbrunnen 2018). Seite 163

Anja Kampmann, geboren 1983, ist Autorin und veröffentlichte in Zeitschriften wie Akzente, Neue Rundschau und Wespennest. Ihr Debütroman »Wie hoch die Wasser steigen« erschien 2018 bei Hanser. Seite 31

Daniel Kehlmann, geboren 1975, lebt als freier Schriftsteller in Wien und Berlin. Er wurde weltweit bekannt durch seinen Roman »Die Vermessung der Welt«. Zuletzt erschien sein Roman »Tyll« (Rowohlt 2017). Seite 61

Matthias Keidtel, geboren 1967, ist Autor. Er wuchs unter anderem in Japan und im Iran auf. Zuletzt erschien sein Roman »Frau Endlich geht« 2015 bei Rütten & Loening. Seite 86

Odile Kennel, geboren 1967, ist Autorin, Lyrikerin und Übersetzerin aus dem Französischen, Portugiesischen und Spanischen. Zuletzt erschien ihr Gedichtband »Hors Texte« (Verlagshaus Berlin 2019). Seite 106

Navid Kermani, geboren 1967, lebt als freier Schriftsteller in Köln. 2015 erhielt er den Friedenspreis des Deutschen Buchhandels. Zuletzt erschien »Morgen ist da. Reden« bei C.H. Beck. Seite 44

Björn Kern, geboren 1978, lebt in Berlin und veröffentlichte u. a. die Romane »Einmal noch Marseille« und »Die Erlöser AG«, die fürs ZDF verfilmt wurden. Zuletzt erschien 2019 sein Roman »Im Freien« bei S. Fischer. Seite 22

Thomas Klupp, geboren 1977, lebt und arbeitet in Hildesheim und Berlin und ist Mitherausgeber der Literaturzeitschrift »Bella triste«. Zuletzt erschien sein Roman 2018 »Wie ich fälschte, log und Gutes tat« im Berlin Verlag. Seite 112

Karen Köhler, geboren 1974, ist Schauspielerin, Illustratorin, Theaterautorin und Schriftstellerin. Zuletzt erschien ihr Roman »Miroloi« 2019 bei Hanser. Seite 93

Michael Köhlmeier, geboren 1949, ist ein österreichischer Schriftsteller. Zuletzt erschien »Bruder und Schwester Lenobel« 2018 bei Hanser. Seite 20

Birgitt und Johannes Kollmann, 1953 und 1949 geboren, sind verheiratet und haben zusammen acht Enkelkinder. Seiten 92, 144 und 155

Armin Kratzert, geboren 1957, ist freier Journalist und lebt in München. Er schreibt Gedichte, Theaterstücke und Romane. Zuletzt erschien »Wir sind Kinder« (Secession Verlag 2017). Seite 56

Thilo Krause, geboren 1977, ist Autor und Wirtschaftswissenschaftler. Er lebt in Zürich. Zuletzt ist 2018 sein Gedichtband »Was wir reden, wenn es gewittert« bei Hanser erschienen. Seite 124

Susan Kreller, 1977 geboren, lebt mit ihrer Familie in Bielefeld und arbeitet als freie Journalistin und

Autorin. Zuletzt erschien 2014 ihr Roman »Schneeriese« bei Carlsen. Seite 27

Bastian Kresser, 1981 geboren, lebt und schreibt in Vorarlberg. Zuletzt erschien sein Roman »Die andere Seite« (Braumüller Verlag 2019). Seite 20

Michael Krüger, geboren 1943, war viele Jahre Verlagsleiter der Carl Hanser Literaturverlage sowie Herausgeber der »Akzente«. 2019 erschien der Lyrikband »Gedichte aus Europa« bei Haymon. Seiten 8, 11, 35, 38, 59, 83, 105, 127 und 151

Nadja Küchenmeister, geboren 1981, veröffentlicht in zahlreichen Zeitschriften und Anthologien und arbeitet für den Rundfunk. Zuletzt erschien 2014 ihr Gedichtband »Unter dem Wacholder« bei Schöffling & Co. Seite 168

Björn Kuhligk, geboren 1975, lebt und arbeitet in Berlin. Er ist Mitherausgeber von Lyriksammelbänden, die die Szene der jungen Lyrik im deutschen Sprachraum vorstellen. Zuletzt erschien 2016 der Gedichtband »Die Sprache von Gibraltar« bei Hanser Berlin. Seiten 76 und 138

Rolf Lappert, geboren 1958, ist ein Schweizer Schriftsteller. 2012 erschien das Jugendbuch »Pampa Blues« und zuletzt 2015 sein Roman »Über den Winter« (beide Hanser). Seite 140

Root Leeb, geboren 1955, ist freie Autorin, Malerin und Illustratorin. Zuletzt erschien ihr Roman »Don Quijotes Schwester« 2015 bei Ars Vivendi. Seite 113

Angela Lehner, geboren 1987, lebt in Berlin. Ihr Debüt »Vater unser« erschien 2019 bei Hanser. Seite 116

Christoph Leisten, geboren 1960, lebt in Würselen bei Aachen und arbeitet als Gymnasiallehrer und Autor. Zuletzt erschien sein Prosaband »Argana. Notizen aus Marokko« (Rimbaud Verlag 2016). Seite 136

Anton G. Leitner, geboren 1961, lebt als Lyriker, Herausgeber und Verleger in Weßling. Er ediert seit 1993 die buchstarke Jahresschrift DAS GEDICHT. Im Jahr 2016 erschien »Schnablgwax. Bairisches Verskabarett« in seinem eigenen Verlag edition lichtung. Seite 162

Jo Lendle, geboren 1968, ist Schriftsteller und Verleger der Carl Hanser Literaturverlage. Seiten 25, 62, 94 und 143

Michael Lentz, geboren 1964, lebt in Berlin und ist Autor, Musiker und Herausgeber. Zuletzt erschien »Schattenfroh. Ein Requiem« 2018 bei S. Fischer. Seite 158

Kilian Leypold, geboren 1968, ist Autor und arbeitet als freier Redakteur für den Kinderfunk des Bayerischen Rundfunks. Zuletzt erschien 2014 bei Hanser das Kinderbuch »Krähen gegen Ratten« und 2018 das Bilderbuch »Wolfsbrot« (Kunstanstifter). Seite 88

Tristan Marquardt, geboren 1987, ist Lyriker und Literaturvermittler. Zuletzt erschien »scrollen in tiefsee« (kookbooks 2018). Seite 40

Reinhard Michl, geboren 1947, ist Zeichner, Maler und Illustrator. Zuletzt erschien die Neuausgabe des Klassikers »Es klopft bei Wanja in der Nacht« (Ellermann 2015), 2011 das Bilderbuch »Die kleine Birke« (Hanser). Seite 24

Rainer Moritz, geboren 1958, leitet das Literaturhaus Hamburg und ist Autor zahlreicher Bücher. Zuletzt erschien 2018 »Mein Vater, die Dinge und der Tod« im Verlag Antje Kunstmann. Seite 146

André Mumot, geboren 1979, ist promovierter Kulturwissenschaftler, Autor, Literaturübersetzer und Journalist. Für seine Übersetzung von »Wunder« (Raquel J. Palacio) wurde er mit dem Deutschen Jugendliteraturpreis 2014 ausgezeichnet. Seite 164

Ebi Naumann, geboren 1949, schreibt Drehbücher, Geschichten und Gedichte. Zuletzt übersetzte er 2019 »Seltene Tiere: Ein Atlas der bedrohten Arten« (Thienemann). Seiten 85 und 137

Niklas L. Niskate, geboren 1981, lebt als Lyriker in Oberösterreich. Sein zweiter Gedichtband »Entwicklung der Knoten« erschien 2018 bei der Edition Mosaik Salzburg. Seite 49

Hellmuth Opitz, geboren 1959, arbeitet als Creative Director in einer Werbeagentur. Zuletzt erschien der Gedichtband »Die Dunkelheit knistert wie Kandis« (Pendragon 2011). Seite 48

Lea-Lina Oppermann, geboren 1998, studiert Sprechkunst und Kommunikationspädagogik. Ihr preisgekröntes Debüt »Was wir dachten, was wir taten« erschien 2018 bei Beltz & Gelberg. Seite 134

Markus Orths, geboren 1969, lebt als freier Autor in Karlsruhe. Zuletzt erschien sein Roman »Max« (Hanser 2017). Seite 15

Monika Osberghaus, geboren 1962, arbeitete als Buchhändlerin und war bei der FAZ jahrelang zuständig für die Kinderliteraturseite. Sie leitet den Klett Kinderbuchverlag und lebt in Leipzig. Seite 36

Annette Pehnt, geboren 1967, ist Autorin und Literaturwissenschaftlerin. Bei Hanser erschien zuletzt 2017 »Der Bärbeiß – Schrecklich gut gelaunt«, bei Mare »Mein Amrum« und bei Beltz »Café Augenblick«. Seite 70

Thomas Pletzinger, geboren 1975, arbeitet als freier Autor und Übersetzer. Zuletzt erschien 2019 »The Great Nowitzki« bei Kiepenheuer & Witsch. Seiten 54 und 84

Julya Rabinowich, geboren 1970, lebt seit 1977 als Schriftstellerin, Kolumnistin, Malerin und Dolmetscherin in Wien. Zuletzt erschien 2019 ihr Jugendbuch »Hinter Glas« bei Hanser. Seite 81

Annika Reich, geboren 1973, arbeitet als Schriftstellerin und Kolumnistin für die ZEIT-Online-Kolumne »10 nach 8«. Im Hanser Kinderbuch erschien zuletzt 2018 »Lotto will was werden«. Seiten 28, 36 und 46

Jutta Richter, geboren 1955, lebt als freiberufliche Autorin im Münsterland. Gerade erschien der zweite Band ihrer Frau Wolle-Trilogie »Frau Wolle und das Geheimnis der chinesischen Papierschirmchen«. Seite 65

Monika Rinck, geboren 1969, lebt als Lyrikerin, Essayistin und Autorin in Berlin. Zuletzt erschien 2019 ihr Gedichtband »Alle Türen« im kookbooks Verlag. Seite 97

Katharina von Savigny, geboren 1972, lebt mit ihrer Familie in Greifswald und arbeitet als Lehrerin, freie Dozentin und Übersetzerin. Seite 67

Silke Schlichtmann, geboren 1967, ist promovierte Literaturwissenschaftlerin und Kinderbuchautorin. Zuletzt erschienen 2019 drei Bände der »Mattis«-Erstleserreihe im Hanser Kinderbuch. Seite 153

Antonie Schneider, geboren 1954, ist Kinderbuchautorin. Zuletzt erschien das Bilderbuch »Amsel und Papagei« (Nilpferd/Residenz Verlag 2019). Seite 99

Lea Schneider, geboren 1989, ist Autorin, Lyrikerin und Übersetzerin und vor allem bekannt für ihre Übersetzungen aus dem Chinesischen. Zuletzt erschien 2019 ihre Übersetzung von »Gesellschaft für Flugversuche« von Zang Di bei Hanser. Seite 132

Noemi Schneider, geboren 1982, ist Journalistin, Filmemacherin, Autorin und Künstlerin. Zuletzt erschien 2017 ihr Roman »Das wissen wir schon« bei Hanser Berlin. Seite 152

Raoul Schrott, geboren 1964, ist ein österreichischer Literaturwissenschaftler und Schriftsteller. Zuletzt erschienen seine Essays »Politiken und Ideen« (Hanser 2018). Seiten 14 und 142

Christiane Schwabbaur, geboren 1972, ist Lektorin im Kinder- und Jugendbuch bei Hanser. Seiten 87, 125 und 147

Tom Schulz, geboren 1970, lebt als freier Autor, Herausgeber und Dozent für Kreatives Schreiben in Berlin. Zuletzt erschien sein Gedichtband »Reisewarnung für Länder Meere Eisberge« (Hanser Berlin 2019). Seite 174

Sophia Siebert lebt und arbeitet in Berlin und ist in der musikalischen Früherziehung tätig. Für diesen Band hat sie gemeinsam mit ihrem Mann Michael Lentz übersetzt. Seite 158

Peter Stamm, geboren 1963, arbeitet als freier Autor. Seit seinem Romandebüt »Agnes« 1998 erschienen sechs weitere Romane, zuletzt 2018 »Die sanfte Gleichgültigkeit der Welt« (S. Fischer). Seite 160

Ludwig Steinherr, geboren 1962, ist freier Schriftsteller und Lyriker. Er veröffentlichte mehr als 20 Gedichtbände, zuletzt 2018 »Medusen« (Lyrikedition 2000). Seite 18

Ulrich Störiko-Blume, geboren 1950, lebt und arbeitet als Literaturagent in München, nachdem er unter anderem bei Hanser Verlagsleiter des Kinder- und Jugendbuchs war. Seiten 66 und 101

Friedbert Stohner, geboren 1951, hat 1993 das Kinderbuch-Programm bei Hanser mitgegründet. Er lebt als freier Autor und Übersetzer in Altlußheim am Rhein. Bei Hanser erschien zuletzt 2018 »Ich bin hier bloß das Schaf« (mit Illustrationen von Hildegard Müller). Seiten 12 und 32

Margarete Stokowski, geboren 1986, lebt seit 1988 in Berlin und schreibt als freie Autorin unter anderem für die taz und die ZEIT. Ihr Debüt »Untenrum frei« erschien 2018 bei Rowohlt. Seite 47

Jackie Thomae, geboren 1972, ist Journalistin und Fernsehautorin. 2014 erschien »Momente der Klarheit«, 2019 folgte »Brüder« (beide Hanser Berlin). Seite 161

Raphael Urweider, geboren 1974, ist Lyriker, Übersetzer und Musiker. Zuletzt erschien bei Hanser 2018 sein Gedichtband »Wildern«. Seiten 114 und 115

Mikael Vogel, geboren 1975, lebt als Lyriker in Berlin. Zuletzt erschien 2018 im Verlagshaus Berlin »Dodos auf der Flucht. Requiem für ein verlorenes Bestiarium«. Seite 173

Jan Weiler, geboren 1967, ist Journalist und Schriftsteller und lebt in der Nähe von München und Umbrien. Sein Debüt »Maria, ihm schmeckt's nicht« gilt als eins der erfolgreichsten der Nachkriegszeit. Zuletzt erschien »Kühn hat Ärger« (Piper 2018). Seite 111

Christoph Wenzel, geboren 1979, arbeitet als Autor, Herausgeber, Redakteur und Universitätsangestellter in Aachen. Er schreibt Lyrik und Essays. Seite 74

Uljana Wolf, geboren 1979, lebt als Lyrikerin und Übersetzerin in Berlin und Brooklyn. 2013 erschien der Gedichtband »meine schönste lengevitch«, 2017 die Übersetzung (gemeinsam mit Monika Rinck) der Gedichte von Eugene Ostashevsky. Seiten 110 und 129

Silke Wolfrum, geboren 1973, unterrichtet an einer Berufsoberschule, arbeitet als Autorin für den Bayerischen Rundfunk und schreibt Geschichten, Features, Hörspiele und Comedys für Kinder. Zuletzt erschien 2017 bei Hanser »Leon zeigt Zähne«. Seite 154

Takis Würger, geboren 1985, arbeitet als Redakteur für das Nachrichtenmagazin Der Spiegel. 2017 erschien »Der Club« bei Kein & Aber. Zuletzt erschien 2019 bei Hanser sein Roman »Stella«. Seite 156

Judith Zander, geboren 1980, schreibt Lyrik und Prosa und ist Übersetzerin. 2014 erschien ihr Gedichtband »manual numerale« bei dtv, zuletzt übersetzte sie u. a. Gedichte von Sylvia Plath. Seite 135

Nora Zapf, geboren 1985, wohnt in München und Innsbruck als Lyrikerin und Übersetzerin. Zuletzt erschien 2018 ihr Gedichtband »homogloben« im gutleut verlag. Seite 109

Juli Zeh, geboren 1974, studierte Jura in Passau und Leipzig. Ihr Debütroman »Adler und Engel« wurde 2001 zu einem Welterfolg. Zuletzt erschien »Neujahr« (Luchterhand 2018). Seite 165

Sophie Zeitz, geboren 1972, ist freie Literaturübersetzerin. 2013 bekam sie den Jugendliteraturpreis für ihre Übersetzung von John Greens »Das Schicksal ist ein mieser Verräter«. Seiten 19 und 91

Dita Zipfel, geboren 1981, schreibt Bilderbücher, Theaterstücke, Drehbücher und Romane. 2019 erschien ihr Jugendbuchdebüt »Wie der Wahnsinn mir die Welt erklärte« bei Hanser. Seite 120

Rechtenachweis

Kenn Nesbitt: »Whew!,« »Poems Can Be Silly,« »Have I Told You?,« »What Do You Dream?,« »Ted, Ted, Climb in Bed,« »Say Good Night« and »How to Fall Asleep« copyright © 2016 by Kenn Nesbitt. Used by permission of the author. || **Lisa Wheeler:** »Paper People« copyright © 2016 by Lisa Wheeler. Used by permission of the author. || **Kim Norman:** »I Like Old Stories« copyright © 2016 by Kim Norman. Used by permission of the author. || **Renée LaTulippe:** »If I Were a Blue Balloon« copyright © 2016 Renée M. LaTulippe. All rights reserved.Used by permission of the author. || **Donna Jo Napoli:** »Roar« copyright © 2016 by Donna Jo Napoli. Used by permission of the author. || **Eileen Spinelli:** »Stuffed Animal Collection« copyright © 2016 by Eileen Spinelli. Used by permission of the author. || **Charles Waters:** »Five Little Birds« copyright © 2016 by Charles Waters. Used by permission of the author who controls all rights. || **Jacqueline Jules:** »Pigeon« copyright © 2016 by Jacqueline Jules. Used by permission of the author. || **Betsy Franco:** »Me at the Sea« copyright © 2016 by Betsy Franco. Used by permission of the author, who holds all rights. || **Avis Harley:** »Ocean Fun« copyright © 2016 by Avis Harley. Used by permission of the author. || **Carol-Ann Hoyte:** »Water Can Be a…« copyright © 2016 by Carol-Ann Hoyte. All rights reserved. Used by permission of the author. || **Edel Wignell:** »Gentle Shower« copyright © 2016 The Australian Society of Authors. Used by permission of the author. || **Nikki Grimes:** »Backyard Circus« copyright © 2016 by Nikki Grimes. Used by permission of Curtis Brown, Ltd. || **Sara Holbrook:** »Trampoline« copyright © 2016 by Sara Holbrook. Used by permission of the author. || **Naomi Shihab Nye:** »Map of Fun« copyright © 2014 by Naomi Shihab Nye. Used by permission of the author. || **Santino Panzica:** »Sleepy« copyright © 2016 by Santino Panzica. Used by permission of the author. || **Michael J. Rosen:** »Wave Good Night« copyright © 2016 by Michael J. Rosen. Used by permission of the author. || **Kurt Cyrus:** »The Road to Morning« copyright © 2016 by Kurt Cyrus. Used by permission of the author. || **Jack Prelutsky:** »My Horse Is Floating in the Air« copyright © 2016 by Jack Prelutsky, who controls all rights. Used by permission of the author. || **Dennis Lee:** »The Big Parade« and »Bigger Than Big« copyright © 2016 by Dennis Lee. Used by permission of the author. || **Jon Scieszka:** »All at Once« copyright © 2016 by Jon Scieszka. Used by permission of the author. || **Scott Seegert:** »Dinnertime« copyright © 2016 by Scott Seegert. Used by permission of the author. || **Alan Katz:** »Friends on the Menu« copyright © 2016 by Alan Katz. Used by permission of the author. || **Diane Z. Shore:** »To Market, to Market« copyright © 2016 by Diane Z. Shore. Used by permission of the author. || **Michele Krueger:** »My Uncle Joe« copyright © 2016 by Michele Krueger. Used by permission of the author. || **Margarita Engle:** »Each Day at the Zoo Is Always New« copyright © 2016 by Margarita Engle. Used by permission of the author. || **David L. Harrison:** »Lamb Said, ›Mew'« and »Gesundheit« copyright © 2016 by David L. Harrison. Used by permission of the author. || **Amy Ludwig VanDerwater:** »Our Kittens« copyright © 2016 by Amy Ludwig VanDerwater. Used by permission of Curtis Brown, Ltd. || **Kate Coombs:** »Running« copyright © 2016 by Kate Coombs. Used by permission of the author. || **Timothy Tocher:** »All in a Day's Work« copyright © 2016 by Timothy Tocher. Used by permission of the author. || **Mark Carthew:** »The Dandelion« copyright © 2016 by Mark Carthew. Used by permission of the author. || **John Foster:** »Wind« copyright © 2016 by John Foster. Used by permission of the author. || **Greg Pincus:** »A Hard Rain« copyright © 2016 by Greg Pincus. Used by permission of the author. || **John Rice:** »Starry« copyright © 2015 by John Rice. Used by permission of the author. || **Lorie Ann Grover:** »Toasty, Warm Jammies« copyright © 2016 by Lorie Ann Grover. Used by permission of Curtis Brown, Ltd. || **Ron Koertge:** »Bedtime on 7th Avenue« copyright © 2016 by Ron Koertge. Used by permission of the author. || **Bruce Lansky:** »Sleepless« copyright © 2015 by Bruce Lansky. Used by permission of the author. || **Christine Heppermann:** »A Friend to the Rescue« copyright © 2016 by Christine Heppermann. Used by permission of the author. || **Colin West:** »An Odd Thing Happened…« copyright © 2016 by Colin West. Used by permission of the author. Reprinted with permission. || **Darren Sardelli:** »Our Grandma Kissed a Pumpkin« copyright © 2016 by Darren Sardelli. Used by permission of the author. || **Verla Kay:** »I Have a Hat« copyright © 2016 by Verla Kay. Used by permission of the author. || **B. J. Lee:** »Skateboard Girl« copyright © 2016 by B. J. Lee. Used by permission of the author. || **Libby Martinez:** »The Tadpole Bowl« copyright © 2016 by Libby Martinez. Used by permission of Curtis Brown, Ltd. **Glenys Eskdale:** »Puppy Morning« copyright © 2016 by Glenys Eskdale. Used by permission of the author. || **Kathryn Apel:** »School Bus« and »My Dad« copyright © 2016 by Kathryn Apel. Used by permission of the author. || **Sydra Mallery:** »First Day, Kindergarten« copyright © 2014 by Sydra Mallery. Used by permission of the author. || **Jen Bryant:** »Hummer« copyright © 2016 by Jen Bryant. Used by permission of the author. || **Sophie Masson:** »Seagull Beach Party« copyright © 2016 by Sophie Masson. Used by permission of the author. || **Meredith Costain:** »An Orchestra in My Room« copyright © 2016 by Meredith

Costain. Used by permission of the author. || **Brian P. Cleary:** »God Bless Me« copyright © 2016 by Brian P. Cleary. Used by permission of the author. || **Sherryl Clark:** »River Song« copyright © 2016 by Sherryl Clark. Used by permission of the author. || **Liz Brownlee:** »This Is the Hour« copyright © 2014 by Liz Brownlee. Used by permission of the author. || **Lee Bennett Hopkins:** »Sleepy« copyright © 2016 by Lee Bennett Hopkins. Used by permission of the author. || **Lee Wardlaw:** »It's Routine« copyright © 2016 by Lee Wardlaw. Used by permission of the author. || **Andrea Perry:** »The Seventeen Fitz Sisters« copyright © 2016 by Andrea Perry. Used by permission of the author. || **Samuel Kent:** »Three Bears Aboard an Iceberg« copyright © 2016 by Samuel Kent. Used by permission of the author. || **Linda Ashman:** »On Adopting a Pet Elephant« copyright © 2016 by Linda Ashman. Used by permission of the author. || **Paul Orshoski:** »Grandpa's Hair« copyright © 2016 by Paul Orshoski. Used by permission of the author. || **Celeste Walters:** »Sleeping Over« copyright © 2016 by Celeste Walters. Used by permission of the author. || **April Halprin Wayland:** »Rolling down the Hill« copyright © 2016 by April Halprin Wayland. Used by permission of the author, who controls all rights. || **Celia Warren:** »Socks on the Washing Line« copyright © 2016 by Celia Warren. Used by permission of the author. || **Donna Marie Merritt:** »Me and My Feet« copyright © 2016 by Donna Marie Merritt. Used by permission of the author. || **Heidi Bee Roemer:** »Flower Power!« copyright © 2016 by Heidi Bee Roemer. Used by permission of the author. All rights reserved. || **Bob Raczka:** »Wild Flowers« copyright © 2016 by Bob Raczka. Used by permission of the author. || **Carole Gerber:** »Time to Sleep« and »Snow Angels« copyright © 2015 by Carole Gerber. Used by permission of the author. || **Steven Withrow:** »Counting Rhyme« copyright © 2016 by Steven Withrow. Used by permission of the author. All rights reserved. || **Jenny Erlanger:** »Monkey Business« copyright © 2016 by Jenny Erlanger. Used by permission of the author. || **Matt Forrest Esenwine:** »A Visit to the Forest« copyright © 2016 by Matt Forrest Esenwine. Used by permission of the author. || **Ann Whitford Paul:** »Hippo« copyright © 2016 by Ann Whitford Paul. Used by permission of the author. || **Brenda Williams:** »Baby's Bath Time« copyright © 2016 by Brenda Williams. Used by permission of the author. || **Sonya Sones:** »Boof« copyright © 2016 by Sonya Sones. Used by permission of the author. || **Eric Ode:** »Bath Time« copyright © 2016 by Eric Ode. Used by permission of the author. || **Calef Brown:** »The Suit« copyright © 2015 by Calef Brown. Used by permission of the author. || **Tiffany Strelitz Haber:** »PB Patty« copyright © 2016 by Tiffany Strelitz Haber. Used by permission of the author. || **Ralph Fletcher:** »Good-Night Poem« copyright © 2016 by Ralph Fletcher. Used by permission of the author. || **Robert Pottle:** »Wiggle Wiggle« copyright © 2016 by Robert Pottle. Used by permission of the author. || **Robert Schechter:** »The ›Just Because‹ Hug« copyright © 2016 by Robert Schechter. Used by permission of the author. || **J. Patrick Lewis:** »The Song of the Littlest Cat« copyright © 2012 by J. Patrick Lewis. Used by permission of the author. || **Rebecca Kai Dotlich:** »Sky Story« copyright © 2016 by Rebecca Kai Dotlich. Used by permission of Curtis Brown, Ltd. || **Pat Mora:** »Happy Visits« copyright © 2016 by Pat Mora. Used by permission of Curtis Brown, Ltd. || **Laura Purdie Salas:** »We're Bats« copyright © 2016 by Laura Purdie Salas. Used by permission of the author, who controls all rights. || **Elaine Magliaro:** »Crickets« copyright © 2016 by Elaine Magliaro. Used by permission of the author. || **Betsy R. Rosenthal:** »Rainbow« copyright © 2016 by Betsy R. Rosenthal. Used by permission of the author, who controls all rights. || **Dianne Bates:** »Tasty Moon« copyright © 2016 by Dianne Bates. Used by permission of the author. || **Nancy Willard:** »The Banquet of the Sun« copyright © 2014 by Nancy Willard. Used by permission of the author. || **Joan Bransfield Graham:** »Tuck a Poem in Your Head« copyright © 2016 by Joan Bransfield Graham. Used by permission of the author, who controls all rights. || **Allan Wolf:** »The Little Red Bed« copyright © 2016 by Allan Wolf. Used by permission of the author. || **Joshua Seigal:** »When Daddy Tucks Me In« copyright © 2016 by Joshua Seigal. Used by permission of the author. || **Michelle Heidenrich Barnes:** »Little Hand« copyright © 2016 by Michelle Heidenrich Barnes. Used by permission of the author. || **Chris Cook:** »Adventures in Slumberland« copyright © 2016 by Chris Cook. Used by permission of the author. || **Jeff Mondak:** »Oliver's One-Man Band« copyright © 2016 by Jeff Mondak. Used by permission of the author. || **Robert Paul Weston:** »The Fur-Bearing Trout« copyright © 2016 by Robert Paul Weston. Used by permission of the author. || **Harry Laing:** »Octopus« copyright © 2016 by Harry Laing. Used by permission of the author. || **James Carter:** »What to Yell When You're Trapped in the Belly of a Whale« copyright © 2014 by James Carter. Used by permission of the author. || **Bobbi Katz:** »Playmate« copyright © 2015 by Bobbi Katz. Used by permission of the author. || **Janeen Brian:** »me« copyright © 2016 by Janeen Brian. Used by permission of the author. || **Julia Durango:** »Dear Tooth Fairy,« copyright © 2016 by Julia Durango. Used by permission of the author. || **Elli Woollard:** »My Blankie« copyright © 2016 by Elli Woollard. Used by permission of the author. || **Janet Wong:** »I Can't Sleep When It's Hot« copyright © 2016 by Janet S. Wong. Used by permission of the author. || **Helen Frost:** »Mama and Papa« copyright © 2016 by Helen Frost. Used by permission of the author. || **Cynthia Porter:** »Duckling Day« copyright © 2016 by Cynthia Porter. Used by permission of the author. || **Joyce Sidman:** »Shelter« copyright © 2016 by Joyce Sidman. Used by permission of the author. || **Kelly Ramsdell Fineman:** »Baseball Season« copyright © 2016 by Kelly Ramsdell Fineman. Used by permission of the author. || **Marilyn Singer:** »In Grampa's Barn« copyright © 2016 by Marilyn Singer. Used by permission of the author. || **Heidi Mordhorst:** »November Volcano« copyright

Kenn Nesbitt, 1962 geboren, fungierte von 2013 bis 2015 als »Children's Poet Laureate«, als so genannter Hofdichter für Kinder. Er hat viele Gedichtsammlungen für Kinder herausgegeben und lebt in Spokane, Washington.

poetry4kids.com

Auf Facebook, Instagram und bei Twitter.

Christoph Niemann ist Illustrator, Grafiker und Autor. 1970 in Waiblingen geboren, ging er nach dem Studium an der Stuttgarter Akademie der Bildenden Künste 1997 nach New York. Hier feierte er mit Arbeiten für *The New York Times* und das Magazin *The New Yorker* Erfolge und übernahm unter anderem Aufträge für das Museum of Modern Art und Google. 2008 kehrte Christoph Niemann nach Deutschland zurück, er lebt mit seiner Familie in Berlin. Seine Illustrationen erscheinen regelmäßig in großen Magazinen und Zeitungen, darunter *Wired*, *ZEIT-magazin* und *Weltkunst*.

christophniemann.com

Auf Facebook, Instagram und bei Twitter:
@abstractsunday

Die Originalausgabe erschien 2016 unter dem Titel »One Minute till Bedtime. 60-second Poems to send you off to sleep« bei Little Brown und Company, New York.
This edition published by arrangement with Little, Brown and Company, New York, USA.

HANSER Hey! Schau vorbei und
teile dein Leseglück auf Instagram

1. Auflage 2019
ISBN 978-3-446-26438-0

Umschlag: Stefanie Schelleis, München | Motiv und Lettering: Christoph Niemann, Berlin
Satz im Verlag | Druck und Bindung: Friedrich Pustet, Regensburg
Printed in Germany

FSC www.fsc.org
MIX
Papier aus verantwortungsvollen Quellen
FSC® C014889